INSTRUÇÃO

A CONVERSÃO PASTORAL
DA COMUNIDADE PAROQUIAL A SERVIÇO DA
MISSÃO EVANGELIZADORA DA IGREJA

CONGREGAÇÃO PARA O CLERO

INSTRUÇÃO

A CONVERSÃO PASTORAL
DA COMUNIDADE PAROQUIAL A SERVIÇO DA
MISSÃO EVANGELIZADORA DA IGREJA

Título original:
*Istruzione: La conversione pastorale della comunità parrocchiale
al servizio della missione evangelizzatrice*

Direção-geral: *Flávia Reginatto*
Editora responsável: *Vera Bombonatto*

© dos textos originais, 2020:
Libreria Editrice Vaticana 00120 Città del Vaticano

© da tradução em português para o Brasil 2020:
Edições CNBB - SAAN QUADRA 03, LOTES 590/600
Zona Industrial - Brasília-DF - CEP: 70.632-350

As citações bíblicas constantes desta obra foram transcritas da
Bíblia Sagrada – CNBB, 3. ed. 2019.

1ª edição – 2020

Nenhuma parte desta obra poderá ser reproduzida ou transmitida
por qualquer forma e/ou quaisquer meios (eletrônico ou mecânico,
incluindo fotocópia e gravação) ou arquivada em qualquer sistema ou
banco de dados sem permissão escrita da Editora. Direitos reservados.

Paulinas

Rua Dona Inácia Uchoa, 62
04110-020 – São Paulo – SP (Brasil)
Tel.: (11) 2125-3500
http://www.paulinas.com.br – editora@paulinas.com.br
Telemarketing e SAC: 0800-7010081
© Pia Sociedade Filhas de São Paulo – São Paulo, 2020

SUMÁRIO

LISTA DE SIGLAS 7

INTRODUÇÃO 9

Capítulo I
A CONVERSÃO PASTORAL...............................11

Capítulo II
A PARÓQUIA NO CONTEXTO CONTEMPORÂNEO 15

Capítulo III
O VALOR DA PARÓQUIA HOJE 19

Capítulo IV
A MISSÃO, CRITÉRIO-GUIA PARA A RENOVAÇÃO......23

Capítulo V
"COMUNIDADE DE COMUNIDADES":
A PARÓQUIA INCLUSIVA, EVANGELIZADORA
E ATENTA AOS POBRES 29

Capítulo VI
DA CONVERSÃO DAS PESSOAS
À CONVERSÃO DAS ESTRUTURAS 33

Capítulo VII
A PARÓQUIA E OS OUTROS ÓRGÃOS INTERNOS
DA DIOCESE 39

Capítulo VIII
FORMAS ORDINÁRIAS E EXTRAORDINÁRIAS
DE CONFIAR O CUIDADO PASTORAL
DA COMUNIDADE PAROQUIAL 49

Capítulo IX
CARGOS E MINISTÉRIOS PAROQUIAIS 67

Capítulo X
OS ORGANISMOS
DE CORRESPONSABILIDADE ECLESIAL.......................73

Capítulo XI
OFERTAS PARA A CELEBRAÇÃO
DOS SACRAMENTOS 81

CONCLUSÃO...83

LISTA DE SIGLAS

AS	*Apostolorum Successores*
CD	*Christus Dominus*
CfL	*Christifideles Laici*
ChV	*Christus Vivit*
CIC	*Codex Iuris Canonici*: Código de Direito Canônico
EG	*Evangelii Gaudium*
EN	*Evangelii Nuntiandi*
ES	*Ecclesiam Suam*
GeE	*Gaudete et Exsultate*
GS	*Gaudium et Spes*
IE	*Iuvenescit Ecclesia*
LG	*Lumen Gentium*
LS	*Laudato Si'*
MV	*Misericordiae Vultus*
NMI	*Novo Millennio Ineunte*
PB	*Pastor Bonus*
PO	*Presbyterorum Ordinis*

INTRODUÇÃO

1. A reflexão eclesiológica do Concílio Vaticano II e as notáveis transformações sociais e culturais dos últimos decênios induziram diversas Igrejas particulares a reorganizar a forma de confiar o cuidado pastoral das comunidades paroquiais. Isso permitiu iniciar novas experiências, valorizando a dimensão da comunhão e fazendo, sob a orientação dos Pastores, uma síntese harmônica de carismas e vocações a serviço do anúncio do Evangelho, da forma que melhor corresponda às hodiernas exigências da evangelização.

O Papa Francisco, no início de seu ministério, recordou a importância da "criatividade", que significa "procurar novas estradas", ou seja, "procurar a estrada para que o Evangelho seja anunciado". A esse respeito, concluiu o Santo Padre: "A Igreja, também o *Código de Direito Canônico*, nos dá tantas, tantas possibilidades, tanta liberdade para buscar estas coisas".[1]

2. As situações descritas nesta Instrução representam uma preciosa ocasião para a conversão pastoral missionária. São, de fato, convites às comunidades paroquiais a sair de si mesmas, oferecendo instrumentos para uma reforma, também estrutural, orientada a um estilo de comunhão e de colaboração, de encontro e de proximidade, de misericórdia e de solicitude para o anúncio do Evangelho.

---

[1] FRANCISCO. Discurso aos párocos de Roma, 16 de setembro de 2013.

Capítulo I

A CONVERSÃO PASTORAL

3. A conversão pastoral é um dos temas fundamentais na "nova etapa da evangelização" (EG, n. 287)[1] que a Igreja é chamada hoje a promover, para que as comunidades cristãs se tornem, cada vez mais, centros propulsores do encontro com Cristo.

Por isso, o Santo Padre sugeriu: "Se alguma coisa nos deve santamente inquietar e preocupar a nossa consciência é que haja tantos irmãos nossos que vivem sem a força, a luz e a consolação da amizade com Jesus Cristo, sem uma comunidade de fé que os acolha, sem um horizonte de sentido e de vida. Mais do que o temor de falhar, espero que nos mova o medo de nos encerrarmos nas estruturas que nos dão uma falsa proteção, nas normas que nos transformam em juízes implacáveis, nos hábitos em que nos sentimos tranquilos, enquanto lá fora há uma multidão faminta e Jesus repete-nos sem cessar: 'Vós mesmos, dai-lhes de comer' (Mc 6,37)" (EG, n. 49).

4. Motivada por essa santa inquietação, a Igreja, "aderindo à própria tradição e, ao mesmo tempo, consciente de

---

[1] FRANCISCO. Exortação Apostólica *Evangelii Gaudium*: a Alegria do Evangelho sobre o anúncio do Evangelho no mundo atual. (Documentos Pontifícios, 17). Brasília: Edições CNBB, 2015.

sua missão universal, consegue entrar em comunhão com as diversas formas de cultura, pela qual se enriquecem tanto a própria Igreja como as várias culturas" (GS, n. 58).[2] De fato, o encontro fecundo e criativo entre o Evangelho e a cultura conduz a um progresso verdadeiro: por um lado, a Palavra de Deus encarna-se na história dos homens, renovando-a; por outro lado, "a Igreja pode também ser enriquecida e se enriquece com a evolução da vida social humana" (GS, n. 44), de modo a aprofundar a missão que lhe foi confiada por Cristo, para melhor expressá-la no tempo em que se vive.

5. A Igreja anuncia que o Verbo "se fez carne e veio morar entre nós" (Jo 1,14). Esta Palavra de Deus, que ama habitar entre os homens, na sua inesgotável riqueza,[3] foi acolhida no mundo inteiro por povos diversos, promovendo suas aspirações mais nobres, incluindo o desejo de Deus, a dignidade da vida de cada pessoa, a igualdade entre os indivíduos e o respeito pelas diferenças na única família humana, o diálogo como instrumento de participação, o anseio pela paz, o acolhimento como expressão de fraternidade e solidariedade, a tutela responsável do criado (LS, n. 68).[4]

É impensável, então, que tal novidade – cuja difusão até os confins do mundo ainda está inacabada – desapareça

---

[2] CONCÍLIO VATICANO II. Constituição *Gaudium et Spes*. In: SANTA SÉ. *Concílio Ecumênico Vaticano II*: Documentos. Brasília: Edições CNBB, 2018, p. 199-329.

[3] EFRÉM O SÍRIO. *Comentários sobre Diatessaron* 1, 18-19: SC 121, 52-53.

[4] FRANCISCO. Carta Encíclica *Laudato Si'*: sobre o cuidado da Casa Comum. (Documentos Pontifícios, 22). Brasília: Edições CNBB, 2016.

ou, pior, se dissolva.[5] Para continuar o percurso da Palavra, é necessário que, nas comunidades cristãs, se realize uma decisiva escolha missionária, "capaz de transformar tudo, para que os costumes, os estilos, os horários, a linguagem e toda a estrutura eclesial se tornem um canal proporcionado mais à evangelização do mundo atual que à autopreservação" (EG, n. 27).

---

[5] SÃO PAULO VI. Carta Encíclica *Ecclesiam Suam*: sobre os caminhos da Igreja, 6 de agosto de 1964.

Capítulo II

A PARÓQUIA NO CONTEXTO CONTEMPORÂNEO

6. Tal conversão missionária, que leva naturalmente também a uma reforma das estruturas, diz respeito, de modo particular, à paróquia, comunidade chamada ao redor da Mesa da Palavra e da Eucaristia.

A paróquia possui uma longa história e teve, desde o início, um papel fundamental na vida dos cristãos e no desenvolvimento e no trabalho pastoral da Igreja; já nos escritos de São Paulo, pode-se verificar a sua primeira intuição. Alguns textos paulinos realmente mostram a constituição de pequenas comunidades como igrejas domésticas, identificadas pelo Apóstolo simplesmente com o termo "casa" (Rm 16,3-5; 1Cor 16,19-20; Fl 4,22). Nessas "casas", pode-se vislumbrar o nascimento das primeiras "paróquias".

7. Desde a sua origem, então, a paróquia coloca-se como resposta a uma exigência pastoral precisa: aproximar o Evangelho do povo por meio do anúncio da fé e da celebração dos sacramentos. A mesma etimologia do termo torna compreensível o sentido da instituição: a paróquia é uma casa em meio às casas (CfL, n. 26)[1] e responde à

---

[1] SÃO JOÃO PAULO II. Exortação Apostólica Pós-Sinodal *Christifideles Laici*: sobre a vocação e a missão dos leigos na Igreja e no mundo, 30 de dezembro de 1988.

lógica da Encarnação de Jesus Cristo, vivo e atuante na comunidade humana. Essa, então, visualmente representada pelo edifício de culto, é sinal da presença permanente do Senhor Ressuscitado no meio do seu povo.

8. A configuração territorial da paróquia, todavia, hoje é convidada a confrontar-se com uma característica peculiar do mundo contemporâneo, no qual a crescente mobilidade e a cultura digital dilataram os confins da existência. De fato, por um lado, a vida das pessoas identifica-se cada vez menos com um contexto definitivo e imutável, mas desenvolve-se em um "território global e plural"; por outro lado, a cultura digital modificou, de maneira irreversível, a compreensão do espaço, da linguagem e dos comportamentos das pessoas, especialmente das gerações jovens.

Além disso, é fácil pressupor que o contínuo desenvolvimento da tecnologia modificará ulteriormente o modo de pensar e a compreensão que o homem terá de si e da vida social. A rapidez das alterações, a mudança dos modelos culturais, a facilidade dos deslocamentos e a velocidade da comunicação estão transformando a percepção do espaço e do tempo.

9. A paróquia, enquanto comunidade viva de fiéis, está inserida em tal contexto, no qual o vínculo com o território tende a ser cada vez menos evidente, os lugares de pertença tornam-se múltiplos e corre-se o risco das relações interpessoais dissolverem-se no mundo virtual, sem compromisso nem responsabilidade com o próprio contexto relacional.

10. Percebe-se hoje que tais mudanças culturais e um novo modo de se relacionar com o território estão promovendo na Igreja, graças à presença do Espírito Santo, um novo discernimento comunitário, "que consiste em ver a realidade com os olhos de Deus, na ótica da unidade e da comunhão".[2] Portanto, é urgente envolver todo o povo de Deus na responsabilidade de acolher o convite do Espírito, para realizar processos de "rejuvenescimento" do rosto da Igreja.

---

[2] FRANCISCO. Audiência Geral (12 de junho de 2019). In: *L'Osservatore Romano*, n. 134 (13 de junho de 2019), 1.

CAPÍTULO III

O VALOR DA PARÓQUIA HOJE

11. Em virtude de tal discernimento, a paróquia é chamada a acolher as instâncias do tempo para adequar o próprio serviço às necessidades dos fiéis e das transformações históricas. É necessário um renovado dinamismo que permita redescobrir a vocação de cada batizado a ser discípulo de Jesus e missionário do Evangelho, à luz dos documentos do Concílio Vaticano II e do sucessivo Magistério.

12. Os Padres conciliares, de fato, escreveram de modo presciente: "A cura de almas seja sempre animada de espírito missionário" (CD, n. 30).[1] Em continuidade a tal ensinamento, São João Paulo II afirmava: "A paróquia é aperfeiçoada e integrada em muitas outras formas, mas essa continua sendo um organismo indispensável de primária importância nas estruturas visíveis da Igreja", para "fazer da evangelização a base de toda a ação pastoral, com exigência prioritária, preeminente e privilegiada".[2] O Papa Emérito

---

[1] CONCÍLIO VATICANO II. Decreto *Christus Dominus*: sobre o múnus pastoral dos Bispos na Igreja. In: SANTA SÉ. *Concílio Ecumênico Vaticano II*: Documentos. Brasília: Edições CNBB, 2018, p. 395-433.

[2] SÃO JOÃO PAULO II. Discurso aos Participantes à Plenária da Congregação para o Clero, n. 3 e 4, de 20 de outubro de 1984. In: *Ensinamentos* VII/2, 1984, n. 984 e 985. Cf. SÃO JOÃO PAULO II. Exortação Apostólica Pós-sinodal *Catechesi Tradendae*, n. 67, 16 de outubro de 1979.

Bento XVI ensinava então que "a paróquia é um farol que irradia a luz da fé e assim vem ao encontro aos desejos mais profundos e verdadeiros do coração do homem, dando significado e esperança à vida das pessoas e das famílias".[3] Por fim, o Papa Francisco recorda que, "por meio de todas as suas atividades, a paróquia incentiva e forma os seus membros para serem agentes da evangelização" (EG, n. 28).

13. Para promover a centralidade da presença missionária da comunidade cristã no mundo (GS, n. 4), é importante repensar não só uma nova experiência de paróquia, mas também, nessa, o ministério e a missão dos sacerdotes, que, junto aos fiéis leigos, têm o compromisso de ser sal e luz do mundo (Mt 5,13-14), lâmpada no candeeiro (Mc 4,21), mostrando a face de uma comunidade evangelizadora, capaz de uma adequada leitura dos sinais dos tempos e que gera um coerente testemunho de vida evangélica.

14. A partir justamente da consideração dos sinais dos tempos, escutando o Espírito, é necessário também gerar novos sinais: não sendo mais, como era no passado, o lugar primeiro da reunião e da sociabilidade, a paróquia é chamada a encontrar outras modalidades de convívio e de proximidade com relação às atividades habituais. Tal compromisso não se constitui como um peso a suportar, mas sim um desafio a ser acolhido com entusiasmo.

---

[3] BENTO XVI. Homilia na visita pastoral à paróquia romana Santa Maria da Evangelização, de 10 de dezembro de 2006. In: *Ensinamentos* II/2, 2006, n. 795.

15. Os discípulos do Senhor, seguindo o seu Mestre, na escola dos Santos e dos Pastores, aprenderam, às vezes por meio de experiências sofridas, a saber esperar os tempos e os modos de Deus, a alimentar a certeza de que Ele está sempre presente até os confins da história e que o Espírito Santo – coração que faz pulsar a vida da Igreja – reúne os filhos de Deus espalhados no mundo. Para isso, a comunidade cristã não deve ter medo de iniciar e acompanhar processos dentro de um território onde vivem diferentes culturas, na confiante certeza de que, para os discípulos de Cristo, "nada existe de verdadeiramente humano que não encontre eco em seu coração" (GS, n. 1).

CAPÍTULO IV

A MISSÃO, CRITÉRIO-GUIA
PARA A RENOVAÇÃO

16. Diante das transformações atuais, não obstante o generoso empenho, a paróquia às vezes não corresponde adequadamente às muitas expectativas dos fiéis, especialmente considerando as várias tipologias de comunidades (EG, n. 72-73). É verdade que uma característica da paróquia é fixar-se onde cada um vive cotidianamente. Porém, particularmente hoje, o território não é mais apenas um espaço geográfico delimitado, mas o contexto em que cada um expressa a própria vida, feita de relações, de serviço recíproco e de tradições antigas. É nesse "território existencial" que se encontra todo o desafio da Igreja em meio à comunidade. Parece, então, superada uma pastoral que mantém o campo de ação exclusivamente no interior dos limites territoriais da paróquia, quando muitas vezes são os próprios paroquianos que não compreendem mais essa modalidade, que aparece mais assinalada pela saudade do passado do que inspirada da audácia para o futuro.[1]

---

[1] "Em tal contexto, uma visão diversificada da ação paroquial delimitada apenas dos confins territoriais e incapaz de interceptar os fiéis, e em particular os jovens, com propostas diversificadas, aprisionaria a paróquia em um imobilismo inaceitável e em uma preocupante repetição pastoral". In: XV ASSEMBLEIA GERAL ORDINÁRIA DO SÍNODO DOS BISPOS. *Os jovens, a fé e o discernimento vocacional*: Documento final, n. 129. (Documentos da Igreja, 51). Brasília: Edições CNBB, 2019.

Contudo, é bom salientar que, sob a perspectiva canônica, o princípio territorial permanece plenamente vigente, quando requisitado no direito (CIC, cân. 102; 1015-1016; 1108, § 1).[2]

17. Além disso, a repetição de atividades sem incidência concreta na vida das pessoas permanece uma tentativa estéril de sobrevivência, diversas vezes acolhida pela indiferença geral. Caso não se viva o dinamismo espiritual comum da evangelização, a paróquia corre o risco de se tornar autorreferencial e de se estagnar, propondo experiências, por enquanto, privadas de sabor evangélico e de ardor missionário, talvez voltadas somente a pequenos grupos.

18. A renovação da evangelização exige novas atenções e propostas pastorais diversificadas, para que a Palavra de Deus e a vida sacramental possam alcançar a todos, e que seja coerente com o estado de vida de cada um. Realmente, a inserção eclesial hoje prescinde cada vez mais dos lugares de nascimento e de crescimento dos membros e está mais orientada para uma comunidade de adoção (CfL, n. 25), em que os fiéis fazem uma experiência mais ampla do povo de Deus, de fato, de um corpo que se articula em tantos membros, em que cada um trabalha para o bem de todo o corpo (1Cor 12,12-27).

19. Além dos lugares e das razões de inserção, a comunidade paroquial é o contexto humano no qual se realiza a missão evangelizadora da Igreja, celebram-se os

---

[2] SANTA SÉ. *Codex Iuris Canonici*: Código de Direito Canônico. Brasília: Edições CNBB, 2019.

sacramentos e experimenta-se a caridade, em um dinamismo missionário que – além de ser elemento intrínseco da ação pastoral – se torna critério de verificação da sua autenticidade. No momento presente, às vezes caracterizado por situações de marginalização e solidão, a comunidade paroquial é chamada a ser sinal vivo da proximidade de Cristo por meio de uma rede de relações fraternas, projetadas pelas novas formas de pobreza.

20. Diante do que foi dito até aqui, é necessário identificar perspectivas que permitam renovar as estruturas paroquiais "tradicionais" em uma ótica missionária. É este o coração da desejada conversão pastoral, que o anúncio da Palavra de Deus deve tocar: a vida sacramental e o testemunho da caridade, ou seja, os âmbitos essenciais nos quais a paróquia cresce e se conforma ao mistério que acredita.

21. Percorrendo os Atos dos Apóstolos, percebe-se o protagonismo da Palavra de Deus, potência interior que trabalha a conversão dos corações. Esse é o alimento que nutre os discípulos do Senhor e os faz testemunhas do Evangelho nas diversas condições de vida. A Escritura contém uma força profética que a torna sempre viva. É necessário, então, que a paróquia eduque à leitura e à meditação da Palavra de Deus por meio de propostas diversificadas de anúncio (EG, n. 174), assumindo formas comunicativas claras e compreensíveis, que apresentem o Senhor Jesus segundo o testemunho sempre novo do querigma (EG, n. 164-165).

22. A celebração do mistério eucarístico, portanto, é "fonte e cume de toda a vida cristã" (LG, n. 11)[3] e, por isso, momento substancial do constituir-se da comunidade paroquial. Nessa, a Igreja toma consciência do significado do seu próprio nome: convocação do povo de Deus que louva, suplica, intercede e agradece. Celebrando a Eucaristia, a comunidade cristã acolhe a presença viva do Senhor Crucificado e Ressuscitado, recebendo o anúncio de todo o seu mistério de salvação.

23. Como consequência, a Igreja recorda a necessidade de redescobrir a iniciação cristã, que gera uma vida nova, porque está inserida no mistério da vida mesma de Deus. Trata-se realmente de um caminho que não conhece interrupção nem está restritamente ligado às celebrações ou aos eventos, visto que não está primeiramente determinado pelo dever de cumprir um "rito de passagem", mas unicamente pela perspectiva do permanente seguimento a Cristo. Nesse contexto, pode ser útil estabelecer itinerários mistagógicos que toquem realmente a existência (EG, n. 166-167). A catequese também deverá apresentar-se como um contínuo anúncio do Mistério de Cristo, com a finalidade de fazer crescer no coração do batizado a estatura de Cristo (Ef 4,13), mediante o encontro pessoal com o Senhor da vida.

Como recordou o Papa Francisco, é necessário "chamar a atenção para duas falsificações da santidade que poderiam

---

[3] CONCÍLIO VATICANO II. Constituição Dogmática *Lumen Gentium*. In: SANTA SÉ. *Concílio Ecumênico Vaticano II*: Documentos. Brasília: Edições CNBB, 2018, p. 75-173.

nos extraviar: o gnosticismo e o pelagianismo. São duas heresias que surgiram nos primeiros séculos do cristianismo, mas continuam a ser de alarmante atualidade" (GeE, n. 35).[4] No caso do gnosticismo, trata-se de uma fé abstrata, só intelectual, feita de conhecimentos que permanecem distantes da vida, enquanto o pelagianismo induz o homem a contar unicamente com as próprias forças, ignorando a ação do Espírito.

24. No misterioso entrelaçamento entre o agir de Deus e o do homem, a proclamação do Evangelho acontece por meio de homens e mulheres que tornam credível o que anunciam com a vida, em uma rede de relações interpessoais que geram confiança e esperança. No período atual, muitas vezes assinalado pela indiferença, pelo fechamento do indivíduo em si mesmo e pela rejeição do outro, a redescoberta da fraternidade é fundamental, a partir do momento

---

[4] FRANCISCO. Exortação Apostólica *Gaudete et Exsultate* sobre o chamado à santidade no mundo atual. (Documentos Pontifícios, 33). 3. ed. Brasília: Edições CNBB, 2019. A propósito do gnosticismo e do pelagianismo, convém escutar ainda as palavras de Papa Francisco: "Este mundanismo pode alimentar-se, sobretudo, de duas maneiras profundamente relacionadas. Uma delas é o fascínio do gnosticismo, uma fé fechada no subjetivismo, em que apenas interessa uma determinada experiência ou uma série de raciocínios e conhecimentos que supostamente confortam e iluminam, mas, em última instância, a pessoa fica enclausurada na imanência da sua própria razão ou dos seus sentimentos. A outra maneira é o neopelagianismo autorreferencial e prometeuco de quem, no fundo, só confia nas próprias forças e se sente superior aos outros por cumprir determinadas normas ou por ser irredutivelmente fiel a certo estilo católico próprio do passado". In: EG, n. 94. Cf. CONGREGAÇÃO PARA A DOUTRINA DA FÉ. Carta *Placuit Deo*. (Documentos da Igreja, 42). Brasília: Edições CNBB, 2018.

em que a evangelização está diretamente ligada à qualidade das relações humanas.[5] Assim, a comunidade cristã faz da Palavra de Jesus estímulo a ir "mais para o fundo" (Lc 5,4), na confiança de que o convite do Mestre de lançar as redes garanta a certeza de uma "pesca abundante" (NMI, n. 1).[6]

25. A "cultura do encontro" é o contexto que promove o diálogo, a solidariedade e a abertura a todos, fazendo emergir a centralidade da pessoa. É necessário, portanto, que a paróquia seja um "lugar" que favorece o encontro, o estar juntos e o crescimento de relações pessoais duradoras, que permitam a cada um perceber o sentido de pertencimento e de ser querido.

26. A comunidade paroquial é chamada a desenvolver uma verdadeira e própria "arte da proximidade". Se essa planta raízes profundas, a paróquia torna-se realmente o lugar de superação da solidão, que ataca a vida de tantas pessoas, e um "santuário onde os sedentos vão beber para continuarem a caminhar, e centro de constante envio missionário" (EG, n. 28).

---

[5] *Carta a Dioneto* V, 1-10: *Padres Apostólicos*, ed. F.X. Funk, v. 1, Tubingae 1901, 398.

[6] SÃO JOÃO PAULO II. Carta Apostólica *Novo Millennio Ineunte* ao episcopado, ao clero e aos fiéis no termo do grande Jubileu do ano 2000, 6 de janeiro de 2001.

Capítulo V

"COMUNIDADE DE COMUNIDADES": A PARÓQUIA INCLUSIVA, EVANGELIZADORA E ATENTA AOS POBRES

27. O sujeito da ação missionária e evangelizadora da Igreja é sempre todo o povo de Deus. Realmente, o *Código de Direito Canônico* coloca em evidência que a paróquia não se identifica com um edifício ou um conjunto de estruturas, mas sim com uma precisa comunidade de fiéis, na qual o pároco é o seu pastor próprio (CIC, cân. 515; 518; 519). A esse propósito, o Papa Francisco recordou que "a paróquia é presença eclesial no território, âmbito para a escuta da Palavra, o crescimento da vida cristã, o diálogo, o anúncio, a caridade generosa, a adoração e a celebração", e afirmou que essa "é comunidade de comunidades" (EG, n. 28).

28. Os diversos componentes que na paróquia se articulam são chamados à comunhão e à unidade. Na medida em que cada um coloca em prática a própria complementariedade, pondo-a a serviço da comunidade, então, de um lado pode-se ver plenamente realizado o ministério do pároco e dos presbíteros que colaboram como pastores, e, de outro lado, emerge a peculiaridade dos vários carismas dos diáconos, dos consagrados e dos leigos, para que cada um faça o seu melhor para a construção do único corpo (1Cor 12,12).

29. A paróquia, portanto, é uma comunidade convocada pelo Espírito Santo a anunciar a Palavra de Deus e a fazer renascer novos filhos à fonte batismal; reunida por seu pastor, celebra o memorial da paixão, morte e Ressurreição do Senhor e testemunha a fé na caridade, vivendo em permanente estado de missão, para que a ninguém falte a mensagem salvífica, que doa a vida.

A esse respeito, o Papa Francisco assim se expressa: "A paróquia não é uma estrutura caduca; precisamente porque possui uma grande plasticidade, pode assumir formas muito diferentes que requerem a docilidade e a criatividade missionária do Pastor e da comunidade. Embora não seja certamente a única instituição evangelizadora, se for capaz de se reformar e adaptar constantemente, continuará a ser 'a própria Igreja que vive no meio das casas dos seus filhos e das suas filhas' (CfL, n. 26). Isto supõe que esteja realmente em contato com as famílias e com a vida do povo, e não se torne uma estrutura complicada, separada das pessoas, nem um grupo de eleitos que olham para si mesmos. [...] Temos, porém, de reconhecer que o apelo à revisão e renovação das paróquias ainda não deu suficientemente fruto, tornando-as ainda mais próximas das pessoas, sendo âmbitos de viva comunhão e participação e orientando-as completamente para a missão" (EG, n. 28).

30. Não pode ser estranho à paróquia o "estilo espiritual e eclesial dos santuários" – verdadeiros e próprios "espaços missionários" –, caracterizados pelo acolhimento, pela vida de oração, pelo silêncio que restaura o espírito, pela celebração do sacramento da Reconciliação e pela atenção para com os pobres. As peregrinações que as comunidades paroquiais realizam aos vários santuários são instrumentos preciosos para o crescimento na comunhão fraterna e, ao retornar à casa, para transformar os próprios lugares de vida cotidiana em locais muito mais abertos e hospitaleiros (ChV, n. 238).[1]

31. Nessa perspectiva, tem-se a ideia de que o santuário pode oferecer o conjunto de características e de serviços de que, analogamente, uma paróquia também deve dispor, representando para muitos fiéis o objetivo desejado da própria busca interior e o lugar onde nos encontramos com a Face de Cristo misericordioso e com uma Igreja acolhedora.

Esses podem redescobrir nos santuários "a unção do Santo" (1Jo 2,20), isto é, a própria consagração batismal. Desses lugares, aprende-se, na liturgia, a celebrar com fervor o mistério da presença de Deus em meio a seu povo, a beleza da missão evangelizadora de cada batizado, o chamado a traduzir em caridade os lugares onde se vive (MV, n. 3).[2]

---

[1] FRANCISCO. Exortação Apostólica Pós-Sinodal *Chritus Vivit*. (Documentos Pontifícios, 37). Brasília: Edições CNBB, 2019.

[2] FRANCISCO. *Misericordiae Vultus*: Bula de proclamação do Jubileu Extraordinário da Misericórdia. (Documentos Pontifícios, 20). Brasília: Edições CNBB, 2015.

32. "Santuário" aberto a todos, a paróquia, chamada também a alcançar cada um, sem exceção, recorda que os pobres e os excluídos devem ter sempre um lugar privilegiado no coração da Igreja. Como afirmou o Papa Emérito Bento XVI: "Os pobres são os destinatários privilegiados do Evangelho".[3] Por sua vez, o Papa Francisco escreveu que: "A nova evangelização é um convite a reconhecer a força salvífica das suas vidas, e a colocá-los no centro do caminho da Igreja. Somos chamados a descobrir Cristo neles: não só a emprestar-lhes a nossa voz nas suas causas, mas também a ser seus amigos, a escutá-los, a compreendê-los e a acolher a misteriosa sabedoria que Deus nos quer comunicar através deles" (EG, n. 198).

33. Muitas vezes, a comunidade paroquial é o primeiro lugar de encontro humano e pessoal dos pobres com o rosto da Igreja. Os sacerdotes, os diáconos e os consagrados deverão, em particular, manifestar compaixão para com a "carne ferida"[4] dos irmãos, visitá-los na sua doença, sustentar pessoas e famílias sem trabalho, e abrir a porta a quantos estiverem na necessidade. Com o olhar dirigido a esses últimos, a comunidade paroquial evangeliza e deixa-se evangelizar pelos pobres, reencontrando desse modo o compromisso social do anúncio em todos os seus diferentes âmbitos (EG, n. 186-216), sem se esquecer da "suprema regra" da caridade, com base na qual seremos julgados (GeE, n. 95-99).

---

[3] BENTO XVI. Discurso aos Bispos do Brasil, n. 3, 11 de maio de 2007. In: *Ensinamentos* III/1, 2007, n. 826.

[4] FRANCISCO. Meditação cotidiana em Santa Marta, de 30 de outubro de 2017.

CAPÍTULO VI

DA CONVERSÃO DAS PESSOAS À CONVERSÃO DAS ESTRUTURAS

34. Nesse processo de renovação e de reestruturação, a paróquia deve evitar o risco de cair na excessiva e burocrática organização de eventos e em uma oferta de serviços que não exprimem a dinâmica da evangelização, mas, em detrimento, o critério de autopreservação (EG, n. 27; 189).[1]

Citando São Paulo VI, o Papa Francisco, com a sua habitual parrésia, trouxe à memória que "a Igreja deve aprofundar a consciência de si mesma, meditar sobre o seu próprio mistério [...]. Há estruturas eclesiais que podem chegar a condicionar um dinamismo evangelizador; de igual modo, as boas estruturas servem quando há uma vida que as anima, sustenta e avalia. Sem vida nova e espírito evangélico autêntico, sem 'fidelidade da Igreja à própria vocação', toda e qualquer nova estrutura se corrompe em pouco tempo" (EG, n. 26).

35. A conversão das estruturas, que a paróquia deve propor-se, exige "muito antes" uma mudança de mentalidade e uma renovação interior, sobretudo, dos que são chamados

---

[1] "Uma mudança nas estruturas que não gere novas convicções e atitudes fará, sim, que essas mesmas estruturas cedo ou tarde tornem-se corruptas, pesadas e ineficazes."

à responsabilidade como guia pastoral. Os pastores e de modo particular os párocos, principais "cooperadores do Bispo" (CD, n. 30), para serem fiéis ao que Cristo ordenou, devem advertir com urgência a necessidade de uma reforma missionária na pastoral.

36. Tendo presente o quanto a comunidade cristã é ligada à própria história e aos próprios afetos, cada pastor não pode esquecer que a fé do povo de Deus se relaciona com a memória familiar e com a comunitária. Muitas vezes, o lugar sagrado evoca momentos de vida significativos das gerações passadas, rostos e eventos que marcaram itinerários pessoais e familiares. Para evitar traumas e feridas, é importante que os processos de reestruturação das comunidades paroquiais e, às vezes, diocesanas sejam conduzidos e realizados com flexibilidade e de modo gradual.

O Papa Francisco, citando a reforma da Cúria Romana, sublinhou que a ação gradual "é o fruto do indispensável discernimento que implica processo histórico, varredura dos tempos e das etapas, verificação, correções, experimentação, aprovações *ad experimentum*. Então, nesses casos não se trata de indecisão, mas da flexibilidade necessária para poder atingir uma verdadeira reforma".[2] Trata-se de ter atenção e não "forçar o tempo", querendo completar as reformas muito rapidamente e com critérios genéricos, que obedecem a lógicas elaboradas "em escritório", esquecendo-se da realidade das pessoas que habitam o território.

---

[2] FRANCISCO. Apresentação da Saudação Natalina à Cúria Romana, de 22 de dezembro de 2016. In: *AAS* 109, 2017, n. 44.

Na verdade, cada projeto deve ser situado na vida real de uma comunidade e nela inserido sem traumas, com uma necessária fase de consulta prévia e outra de aplicação progressiva e de avaliação.

37. Tal renovação, naturalmente, não diz respeito unicamente ao pároco, nem pode ser imposição vinda do alto, excluindo o povo de Deus. A conversão pastoral das estruturas implica o conhecimento de que "o santo povo fiel de Deus é ungido com a graça do Espírito Santo; portanto, na hora de refletir, pensar, avaliar, discernir, devemos ter muito cuidado com essa unção. Cada vez que, como Igreja, como pastores, como consagrados esquecemo-nos dessa certeza, erramos a estrada. Cada vez que queremos suplantar, silenciar, aniquilar, ignorar ou reduzir o povo de Deus em sua totalidade e em suas diferenças a pequenas elites, construímos comunidades, planos pastorais, discursos teológicos, espiritualidade e estruturas sem raízes, sem história, sem rosto, sem memória, sem corpo, de fato, sem vida. No momento em que nos erradicamos da vida do povo de Deus, caímos na desolação e pervertemos a natureza da Igreja".[3]

Nesse sentido, o clero não realiza sozinho a transformação solicitada pelo Espírito Santo, mas está envolvido na conversão que diz respeito a todos os integrantes do povo de Deus.[4] Por isso, é necessário "procurar com consciência e

---

[3] FRANCISCO. *Carta ao Povo de Deus que peregrina no Chile*, de 31 de maio de 2018. Disponível em: www.vatican.va/content/francesco/es/letters/2018/documents/papa-francesco_20180531_lettera-popolodidio-cile.html.

[4] Ibidem.

lucidez espaços de comunhão e de participação, para que a Unção de todo o povo de Deus encontre as suas mediações concretas para manifestar-se".[5]

38. Por consequência, é evidente ser oportuna a superação tanto de uma concessão autorreferencial da paróquia quanto de uma "clericalização da pastoral". Levar a sério que o povo de Deus "tem por condição a dignidade e a liberdade dos filhos de Deus, em cujos corações habita o Espírito Santo como em um templo" (LG, n. 9), leva a promover práticas e modelos por meio dos quais cada batizado, em virtude do dom do Espírito Santo e dos carismas recebidos, torna-se protagonista ativo da evangelização, no estilo e nas modalidades de uma comunhão orgânica, seja com as outras comunidades paroquiais, seja com a pastoral geral da diocese. De fato, o sujeito responsável da missão é toda a comunidade, a partir do momento em que a Igreja não se identifica somente com hierarquia, mas se constitui como povo de Deus.

39. Será compromisso dos pastores manter viva tal dinâmica, para que cada batizado se perceba protagonista ativo da evangelização. A comunidade presbiteral, sempre no caminho de formação permanente,[6] deverá exercitar, com sabedoria, a arte do discernimento, que permite à vida paroquial crescer e amadurecer no reconhecimento das diversas vocações e ministérios. O presbítero, então,

---

[5] Ibidem.

[6] CONGREGAÇÃO PARA O CLERO. O dom da vocação sacerdotal: *Ratio Fundamentalis Institutionis Sacerdotalis*. (Documentos da Igreja, 32), n. 80-88. Brasília: Edições CNBB, 2017.

como membro e servidor do povo de Deus que lhe é confiado, não pode substituí-lo. A comunidade paroquial, em sua totalidade, é habilitada a propor formas de ministério, de anúncio da fé e de testemunho da caridade.

40. A centralidade do Espírito Santo – dom gratuito do Pai e do Filho à Igreja – leva a viver profundamente a dimensão da gratuidade, segundo o ensinamento de Jesus: "De graça recebestes, de graça dai!" (Mt 10,8). Ele ensinou aos discípulos a agir no serviço generoso, a cada um ser um dom para os outros (Jo 13,14-15), com uma atenção preferencial para com os pobres. Disso deriva, ademais, a exigência de não "negociar" a vida sacramental e de não dar a impressão de que a celebração dos sacramentos – sobretudo da Santíssima Eucaristia – e as outras ações ministeriais possam ser sujeitas a taxas.

Por outro lado, o pastor que serve o rebanho com generosa gratuidade é chamado a instruir os fiéis para que cada membro da comunidade se sinta responsável e diretamente envolvido a socorrer às necessidades da Igreja, por meio das várias formas de ajuda e de solidariedade que a paróquia precisa para prestar seu serviço pastoral de maneira livre e eficaz.

41. A missão que a paróquia é chamada a cumprir, enquanto centro propulsor da evangelização, diz respeito então a todo o povo de Deus nos seus diversos componentes: presbíteros, diáconos, consagrados e fiéis leigos, cada um segundo o próprio carisma e segundo as responsabilidades que lhes correspondem.

CAPÍTULO VII

A PARÓQUIA E OS OUTROS ÓRGÃOS INTERNOS DA DIOCESE

42. A conversão pastoral da comunidade paroquial no sentido missionário, então, toma forma e exprime-se em um processo gradual de renovação das estruturas e, por consequência, em modalidades diversificadas de confiar o cuidado pastoral e a participação no seu exercício, que envolvem todos os componentes do povo de Deus.

43. Na linguagem atual, oferecida pelos documentos do Magistério, em relação a órgãos internos do território diocesano (CIC, cân. 374, § 1), há algumas décadas são acrescidas à paróquia e aos vicariatos forâneos, já previstas no vigente *Código de Direito Canônico* (cân. 374, § 2; cf. AS, n. 217),[1] expressões como "unidade pastoral" e "zona pastoral". Tais denominações definem, de fato, formas de organização pastoral da diocese, que exprimem uma nova relação entre os fiéis e o território.

---

[1] CONGREGAÇÃO PARA OS BISPOS. Diretório *Apostolorum Sucessores* para o ministério pastoral dos Bispos. (Documentos da Igreja, 39). Brasília: Edições CNBB, 2018.

44. No tema de "unidade" ou "zonas pastorais", ninguém pense obviamente que a solução das múltiplas problemáticas do momento presente dê-se mediante uma simples denominação nova para realidades já existentes. No coração de tal processo de renovação, esforçando-se a promovê-lo e a orientá-lo, em vez de somente sofrer a mudança, encontra-se talvez a exigência de identificar estruturas por meio das quais seja possível reviver, em todos os componentes da comunidade cristã, a vocação comum à evangelização. Tudo isso em vista de um cuidado pastoral do povo de Deus mais eficaz, no qual o "fator-chave" não seja outro senão a proximidade.

45. Em tal perspectiva, a norma canônica coloca em evidência a necessidade de identificar partes distintas ao interno de cada diocese (CIC, cân. 374, § 1), com a possibilidade de que essas sejam sucessivamente reagrupadas em realidades intermediárias entre a própria diocese e cada paróquia. Por consequência disso, então, levando em consideração as dimensões da diocese e da sua concreta realidade pastoral, podem-se dar várias tipologias de reagrupamentos de paróquias (CIC, cân. 374, § 2).

No núcleo de tais realidades, vive e trabalha a dimensão de comunhão da Igreja, com uma particular atenção ao território concreto, para o qual na sua criação se deve considerar o máximo possível da homogeneidade da população e dos seus costumes e das características comuns do território, para facilitar a relação de proximidade entre os párocos e os outros agentes pastorais (AS, n. 218).

a. Como proceder para criação de junção de paróquias

46. Em primeiro lugar, antes de proceder para criação de junção de paróquias, o Bispo deve necessariamente consultar o Conselho presbiteral (CIC, cân. 515, § 2), em respeito à norma canônica e em nome da séria corresponsabilidade eclesial, assumida em diversos níveis entre o Bispo e os membros de tal Conselho.

47. Antes de mais nada, as junções de mais paróquias podem acontecer em forma de simples *federação*, de modo que as paróquias associadas mantenham distintas suas identidades.

Ao estabelecer cada gênero de junção de paróquias vizinhas, além disso, devem por si serem respeitados os elementos essenciais estabelecidos pelo direito universal para a pessoa jurídica da paróquia, os quais não são dispensáveis pelo Bispo (CIC, cân. 86). Ele deverá, então, emitir, para cada paróquia que deseja suprimir, um decreto específico, redigido com as motivações pertinentes (CIC, cân. 120, § 1).

48. À luz do acima exposto, então, a junção, criação ou supressão de paróquias são determinadas pelo Bispo diocesano, respeitando as normas previstas no Direito Canônico; isto é, mediante *incorporação*, para qual uma paróquia flui em outra, sendo por essa absorvida e perdendo a sua originária individualidade e personalidade jurídica; ou, ainda, mediante verdadeira e própria *fusão*, que dá vida a uma nova e única paróquia, com a consequente extinção das paróquias preexistentes e da sua personalidade jurídica;

ou, por fim, mediante *divisão* de uma comunidade paroquial em paróquias autônomas, que são criadas *ex novo* (CIC, cân. 121-122; cf. AS, n. 214).

Além do mais, a supressão de paróquias para união extintiva é legítima para causas diretamente concernentes a determinada paróquia. Porém, não são motivos adequados, por exemplo: somente a escassez do clero diocesano, a geral situação financeira da diocese ou outras condições da comunidade presumidamente reversíveis em pouco tempo (por exemplo, a consistência numérica, a não autossuficiência econômica, a modificação do planejamento urbano no território). Como condição de legitimidade desse gênero de providências, é necessário que os motivos aos quais nos referimos estejam direta e organicamente conexos com a comunidade paroquial interessada, e não com considerações gerais, teóricas e "de princípio".

49. A propósito da criação e da supressão de paróquias, é bom lembrar que cada decisão deve ser adotada por intermédio de decreto formal, redigido por escrito (CIC, cân. 51). Por consequência, considera-se não conforme à norma canônica emanar uma única providência, visando criar uma reorganização de caráter geral concernente a toda diocese, a uma parte dessa ou a um grupo de paróquias, notificadas em único ato normativo, decreto geral ou lei particular.

50. De modo particular, nos casos de supressão de paróquias, o decreto deve indicar claramente, com referência à situação concreta, quais são as razões que induziram o

Bispo a adotar a decisão. Essas, então, deverão ser indicadas especificamente, não sendo suficiente apenas uma genérica alusão ao "bem das almas".

No ato da supressão da paróquia, realmente, o Bispo deverá providenciar também a devolução dos seus bens em relação às normas canônicas (CIC, cân. 120-123). A menos que não se apresentem graves razões contrárias, ouvido o Conselho presbiteral (CIC, cân. 500, § 2, e 1222, § 2), será necessário garantir que a igreja da paróquia suprimida continue aberta aos fiéis.

51. Ligada ao tema de reagrupamento de paróquias e da eventual supressão dessas, está a necessidade de, às vezes, ser reduzida uma igreja ao uso profano não indecoroso,[2] decisão de competência do Bispo diocesano, depois de obrigatoriamente ter consultado o Conselho presbiteral (CIC, cân. 1222, § 2).

Ordinariamente, também nesse caso, não são causas legítimas para decretar tal redução a diminuição do clero diocesano, a diminuição demográfica e a grave crise econômica da diocese. Ao contrário, se o prédio se encontra em tais condições de não poder de nenhum modo ser utilizado para o culto divino e não seja possível restaurá-lo, poder-se-á reduzi-lo ao uso profano não indecoroso, segundo a norma do direito.

---

[2] PONTIFÍCIO CONSELHO DA CULTURA. *A disposição e reutilização eclesial de igrejas. Orientação*, 17 de dezembro de 2018. Disponível em: http://www.cultura.va/content/cultura/it/pub/documenti/decommissioning.html.

b. Vicariato forâneo

52. Antes de mais nada, é necessário recordar que, "a fim de favorecer a cura pastoral, mediante uma ação comum, podem várias paróquias mais vizinhas unir-se em agrupamentos peculiares, tais como os vicariatos forâneos" (CIC, cân. 374, § 2); esses assumem nos vários lugares denominações como "decanatos" ou "arciprestados", ou também "zonas pastorais" ou "prefeituras" (AS, n. 217).

53. O vigário forâneo não deve necessariamente ser um pároco de uma determinada paróquia (CIC, cân. 554, § 1) e, a fim de que se realize a finalidade para a qual o vicariato é criado, entre as suas responsabilidades, a primeira é a de "promover e coordenar a atividade pastoral comum no vicariato" (CIC, cân. 555, § 1, 1º), de modo tal que não permaneça uma instituição meramente formal. Além disso, o vigário forâneo "tem a obrigação de, segundo as determinações do Bispo diocesano, visitar as paróquias de sua circunscrição" (CIC, cân. 555, § 4). Para que possa realizar melhor a sua função e favorecer ainda mais a atividade comum entre as paróquias, o Bispo diocesano poderá conceder ao vigário forâneo outras faculdades consideradas oportunas, segundo o contexto concreto.

c. Unidade pastoral

54. Inspirando-se em finalidades analógicas, quando as circunstâncias exigirem, em razão da extensão territorial do vicariato forâneo ou do grande número de fiéis e, para isso, seja necessário favorecer melhor a colaboração orgânica entre paróquias vizinhas, tendo escutado o Conselho presbiteral (CIC, cân. 500, § 2), o Bispo pode também decretar o reagrupamento estável e institucional de várias paróquias no interior do vicariato forâneo,[3] levando em consideração alguns critérios concretos.

55. Antes de tudo, é oportuno que os reagrupamentos (denominados "unidades pastorais") (AS, n. 215) sejam delimitados o máximo possível de modo homogêneo, também do ponto de vista sociológico, para que possa ser realizada uma verdadeira pastoral orgânica ou integrada (AS, n. 215), em perspectiva missionária.

56. Ademais, cada paróquia de tal reagrupamento deve ser confiada a um pároco ou também a um grupo de sacerdotes *in solidum*, que cuidem de todas as comunidades paroquiais (CIC, cân. 517, § 1). Alternativamente, onde o Bispo considerar conveniente, o reagrupamento poderá também ser composto de diversas paróquias, confiadas ao mesmo pároco (CIC, cân. 526, § 1).

57. Em todo caso, também em consideração à atenção devida aos sacerdotes, que muitas vezes desenvolveram o ministério com mérito e com o reconhecimento das comunidades e para o bem dos mesmos fiéis, ligados pelos vínculos de afeto e gratidão aos seus pastores, pede-se que, no momento da criação de determinado reagrupamento, o Bispo diocesano não estabeleça com o mesmo decreto

---

[3] PONTIFÍCIO CONSELHO DA PASTORAL DOS MIGRANTES E DOS ITINERANTES. *Erga Migrantes Charitas Christi*, 3 de maio de 2004, n. 95. In: *Enchiridion Vaticanum* 22 (2003-2004), 2548.

que, em várias paróquias unidas e confiadas a um único pároco (CIC, cân. 526, § 1), outros párocos eventualmente presentes, ainda no exercício do ofício (CIC, cân. 522), sejam transferidos automaticamente ao ofício de vigário paroquial, ou removidos, de fato, do seu cargo.

58. Nesses casos, a menos que não se trate de uma concessão *in solidum*, compete ao Bispo diocesano, caso por caso, estabelecer as funções do sacerdote moderador de tais reagrupamentos de paróquias, unidas as suas relações com o vigário da forania (CIC, cân. 553-555), no interior da qual foi constituída a unidade pastoral.

59. No reagrupamento de paróquias, uma vez criado segundo o direito – vicariato forâneo ou "unidade pastoral" –, o Bispo determinará, segundo a oportunidade, se em cada uma das paróquias deve ser instituído o Conselho Pastoral Paroquial (CIC, cân. 536) ou, no caso de ser considerado melhor, que tal compromisso seja confiado a um Conselho Pastoral único para todas as comunidades interessadas. Em todo caso, as singulares paróquias integrantes do reagrupamento, porque conservam sua personalidade e capacidade jurídicas, devem manter o próprio Conselho para os Assuntos Econômicos (CIC, cân. 537).

60. A fim de valorizar uma ação evangelizadora de conjunto e um cuidado pastoral mais eficaz, convém que se constituam serviços pastorais comuns para determinados âmbitos (por exemplo, catequese, caridade, pastoral da juventude ou familiar) para as paróquias do reagrupamento, com a participação de todos os componentes do povo de Deus, clérigos, consagrados e fiéis leigos.

d. Zona pastoral

61. Se várias "unidades pastorais" podem constituir um vicariato forâneo, do mesmo modo, sobretudo nas dioceses territorialmente mais extensas, diversos vicariatos forâneos, após escutar o Conselho presbiteral (CIC, cân. 500, § 2), podem ser reunidos pelo Bispo em "distritos" ou "zonas pastorais" (AS, n. 219),[4] sob a coordenação de um Vigário episcopal (CIC, cân. 134, § 1, e 476) com poder executivo ordinário para a administração pastoral da zona em nome do Bispo diocesano, sob a sua autoridade e em comunhão com ele, além das especiais faculdades que este deseje atribuir-lhe caso a caso.

---

[4] Convém reservar o nome de "zona pastoral" somente para este gênero de reagrupamento, a fim de não criar confusão.

CAPÍTULO VIII

FORMAS ORDINÁRIAS E EXTRAORDINÁRIAS DE CONFIAR O CUIDADO PASTORAL DA COMUNIDADE PAROQUIAL

62. Em primeiro lugar, o pároco e os outros presbíteros, em comunhão com o Bispo, são uma referência fundamental para a comunidade paroquial, pelo compromisso de pastores que corresponde a eles.[1] O pároco e o presbitério, cultivando a vida comum e a fraternidade sacerdotal, celebram a vida sacramental para a comunidade e, juntos com essa, são chamados a organizar a paróquia de modo a ser sinal eficaz de comunhão (LG, n. 26).

63. Em relação à presença e à missão dos presbíteros na comunidade paroquial, merece particular menção a vida comum;[2] essa é recomendada pelo cân. 280, ainda que não

---

[1] Ter presente que: a) o que é referido ao "Bispo diocesano" vale também para os outros a ele equiparados no Direito; b) o que se refere à paróquia e ao pároco vale também para a quase-paróquia e para o quase-pároco; c) o que concerne aos fiéis leigos, se aplica também aos membros não clérigos dos Institutos de Vida Consagrada ou de Sociedades de Vida Apostólica, a menos que seja expresso referimento à especificidade laical; d) o termo "Moderador" assume significados diversos com base no contexto onde está utilizado na presente instrução, que diz respeito às normas do código.

[2] CONGREGAÇÃO PARA O CLERO. O dom da vocação sacerdotal, op. cit., n. 83; 88.

se configure como uma obrigação para o clero secular. A esse respeito, recorda-se o fundamental valor do espírito de comunhão, da oração e da ação pastoral comum da parte dos clérigos (CIC, cân. 275, § 1), com vista ao efetivo testemunho de fraternidade sacramental (PO, n. 8)[3] e de uma maior eficácia na ação evangelizadora.

64. Quando o presbitério experimenta a vida comunitária, então a identidade sacerdotal se reforça, as preocupações materiais diminuem e a tentação ao individualismo cede o passo à profundidade da relação pessoal. A oração comum, a reflexão partilhada e o estudo, que não devem jamais faltar na vida sacerdotal, podem ser de grande apoio na formação de uma espiritualidade presbiteral encarnada no cotidiano.

Em todo caso, será conveniente que, segundo o seu discernimento e no limite do possível, o Bispo leve em consideração a afinidade humana e espiritual entre os sacerdotes, aos quais pretende confiar uma paróquia ou um reagrupamento de paróquias, convidando-lhes a uma generosa disponibilidade para a nova missão pastoral e alguma forma de partilha de vida com os irmãos.[4]

65. Em alguns casos, sobretudo onde não existe tradição ou costume de casa paroquial, ou quando essa, por qualquer razão, não está disponível como habitação

---

[3] CONCÍLIO VATICANO II. Decreto *Presbyterorum Ordinis*. In: SANTA SÉ. *Concílio Ecumênico Vaticano II*: Documentos. Brasília: Edições CNBB, 2018, p. 589-636.

[4] CONGREGAÇÃO PARA O CLERO. O dom da vocação sacerdotal, op. cit., n. 88.

do sacerdote, pode ocorrer que ele retorne a viver junto à família de origem, primeiro lugar de formação humana e de descoberta vocacional.[5]

Esse sistema, por um lado, revela-se como um suporte positivo para a vida cotidiana do padre, no sentido de garantir-lhe um ambiente doméstico sereno e estável, principalmente quando os pais ainda estão presentes. Por outro lado, deverá evitar-se que tais relações familiares sejam vividas pelo sacerdote com dependência interior e menos disponibilidade para dedicar todo o tempo ao ministério ou como alternativa excludente – em vez de complemento – à relação com a família presbiteral e a comunidade dos fiéis leigos.

a. Pároco

66. O ofício de pároco comporta o pleno cuidado das almas (CIC, cân. 150) e, por consequência, para que um fiel seja validamente nomeado pároco, necessita que tenha recebido a Ordem do presbiterado (CIC, cân. 521, § 1), excluída qualquer possibilidade de conferir a quem for privado desse título ou das relativas funções, também nos casos de carência de sacerdotes. Exatamente pela relação de conhecimento e proximidade exigida entre um pastor e a comunidade, o ofício de pároco não pode ser confiado

---

[5] FRANCISCO. Discurso aos participantes do Convênio promovido pela Congregação para o Clero, por ocasião do 50º aniversário dos Decretos Conciliares *Optatam Totius* e *Presbyterorum Ordinis*, 20 de novembro de 2015. In: *L'Osservatore Romano* 266, 20 de novembro de 2015, 6.

a uma pessoa jurídica (CIC, cân. 520, § 1). De modo particular – além do previsto no cân. 517, §§ 1 e 2 –, o ofício de pároco não pode ser confiado a um grupo de pessoas, constituído por clérigos e leigos. Por consequência, devem-se evitar denominações como "time-guia", "equipe-guia" ou outras semelhantes, que pareçam expressar um governo colegiado da paróquia.

67. Em consequência de ser o "pastor próprio da paróquia que lhe foi confiada" (CIC, cân. 519), ao pároco compete *ipso iure* a representação jurídica da paróquia (CIC, cân. 532). Ele é o administrador responsável pelos bens paroquiais, que são "bens eclesiásticos" e, portanto, submetidos às relativas normas canônicas (CIC, cân. 1257, § 1).

68. Como afirma o Concílio Ecumênico Vaticano II, "os párocos, porém, na própria paróquia, gozam da estabilidade no ofício que o bem das almas exigir" (CD, n. 31). Como princípio geral, pede-se então que o pároco seja "nomeado por tempo indeterminado" (CIC, cân. 522).

O Bispo diocesano, todavia, pode nomear párocos por tempo determinado, se assim for estabelecido por decreto da Conferência Episcopal. Em razão da necessidade de o pároco estabelecer uma efetiva e eficaz ligação com a comunidade que lhe foi confiada, é conveniente que as Conferências Episcopais não estabeleçam um tempo muito breve, inferior a 5 anos, para a nomeação por tempo determinado.

69. Em todo caso, os párocos, mesmo se nomeados por "tempo indeterminado", ou antes de concluir o "tempo determinado", devem estar disponíveis para eventuais transferências a outra paróquia ou a outro ofício, "se o bem das almas, a necessidade ou a utilidade da Igreja exigirem" (CIC, cân. 1748). É bom, de fato, recordar que o pároco está a serviço da paróquia, e não o contrário.

70. Ordinariamente, onde é possível, é bom que o pároco tenha o cuidado pastoral de uma única paróquia, mas, "em virtude da falta de sacerdotes ou por outras circunstâncias, pode ser confiada ao mesmo pároco a cura de várias paróquias vizinhas" (CIC, cân. 526, § 1). Por exemplo, entre as "outras circunstâncias", podem ser o tamanho do território ou da população e a vizinhança entre as paróquias interessadas. O Bispo diocesano avalie atentamente que, se ao mesmo pároco são confiadas várias paróquias, esse pode exercitar plena e concretamente como verdadeiro pastor o ofício de pároco de todas e de cada uma dessas (CIC, cân. 152).

71. Uma vez nomeado, o pároco detém o pleno exercício das funções a ele confiadas, com todos os direitos e as responsabilidades, até o dia que cessar legitimamente o seu ofício pastoral (CIC, cân. 538, §§ 1-2). Para a sua remoção ou para as transferências antes de terminar o tempo do mandato, observem-se os relativos procedimentos canônicos indicados pela Igreja para o discernimento que convém ao caso concreto (CIC, cân. 1740-1752, levando em consideração os cân. 190-195).

72. Quando o bem dos fiéis exigir, ainda que não existam outras causas para cessação da função, o pároco que atingir os 75 anos de idade acolha o convite que o Bispo diocesano pode apresentar-lhe para renunciar à paróquia (CIC, cân. 1740-1752). A apresentação da renúncia, ao atingir os 75 anos de idade (CIC, cân. 1740-1752), que se deve considerar um dever moral, se não canônico, não leva o pároco a perder automaticamente o seu ofício. A cessação deste acontece somente quando o Bispo diocesano tenha comunicado por escrito, ao pároco interessado, a aceitação da sua renúncia (CIC, cân. 189). Por outro lado, o Bispo tenha em consideração a bem-intencionada renúncia apresentada por um pároco, mesmo que só pela razão de ter completado os 75 anos de idade.

73. Em todo caso, para evitar uma concepção funcionalística do ministério, antes de aceitar a renúncia, o Bispo diocesano avaliará prudentemente todas as circunstâncias da pessoa e do lugar, por exemplo, a presença de motivos de saúde ou disciplinares, a escassez de sacerdotes, o bem da comunidade paroquial, e outros elementos de tal gênero, e aceitará a renúncia diante de uma causa justa e proporcionada (CIC, cân. 189, § 2; cf. AS, n. 212).

74. Em caso diverso, se as condições pessoais do sacerdote o permitirem e a oportunidade pastoral o aconselhar, o Bispo considere a possibilidade de deixá-lo no ofício de pároco, quem sabe lhe oferecendo um auxílio e preparando a sucessão. Além disso, "consoante os casos, o Bispo pode confiar uma paróquia menor e menos trabalhosa a um pároco que se demitiu" (AS, n. 212) ou, em qualquer caso, conceda-lhe outro trabalho pastoral adequado às suas concretas possibilidades, convidando o sacerdote a compreender, se for necessário, que em nenhum caso deverá sentir-se "rebaixado" ou "punido" para uma transferência de tal gênero.

b. Administrador paroquial

75. Se não for possível proceder de imediato à nomeação do pároco, a designação de administradores paroquiais (CIC, cân. 539-540) deve ocorrer somente em conformidade com o estabelecido pela normativa canônica (CIC, cân. 539, 549, 1747, § 3).

De fato, trata-se de um ofício essencialmente transitório e exercitado à espera da nomeação do novo pároco. Por esse motivo, é ilegítimo que o Bispo diocesano nomeie um administrador paroquial e deixe-o em tal função por um longo período, superior a um ano, ou, até, de modo estável, deixando de providenciar a nomeação do pároco.

Segundo comprova a experiência, tal solução é adotada com frequência para iludir as condições do direito relativas ao princípio da estabilidade do pároco, da qual se constitui uma violação, com dano para a missão do presbítero interessado e da mesma comunidade, que, em condições de incerteza quanto à presença do pastor, não poderá programar planos de evangelização abrangente e deverá limitar-se a uma pastoral de conservação.

c. Confiada solidariamente

76. Como ulterior possibilidade, "onde as circunstâncias o exigirem, pode a cura pastoral de uma paróquia ou simultaneamente de várias paróquias ser confiada solidariamente a vários sacerdotes" (CIC, cân. 517, § 1; cf. cân. 542-544). Tal solução pode ser adotada quando, a critério do Bispo, exijam as circunstâncias concretas, de modo particular para o bem das comunidades interessadas, por meio de uma ação pastoral partilhada e mais eficaz, e para promover uma espiritualidade de comunhão entre os presbíteros (CIC, cân. 517, § 1; 526, § 1).

Em tal caso, o grupo de presbíteros, em comunhão com os outros componentes das comunidades paroquiais interessadas, atua com deliberação comum, sendo o Moderador em relação aos outros sacerdotes, párocos para todos os efeitos, um *primus inter pares*.

77. Recomenda-se vivamente a cada comunidade de sacerdotes, às quais é confiado *in solidum* o cuidado pastoral de uma ou mais paróquias, a elaboração de um regulamento interno para que cada presbítero possa realizar melhor os compromissos e as funções que lhe competem (CIC, cân. 543, § 1).

O Moderador tem por responsabilidade a coordenação do trabalho comum da paróquia ou das paróquias confiadas ao grupo, assume a representação jurídica dessas (CIC, cân. 543, § 2, 3º),[6] coordena o exercício da faculdade para assistir os matrimônios e de conceder dispensas no que diz respeito aos párocos (CIC, cân. 543, § 1) e responde diante do Bispo sobre toda atividade do grupo (CIC, cân. 517, § 1).

---

[6] Assume também a representação jurídica civil, nos países em que a paróquia é reconhecida pelo Estado como ente jurídico.

d. Vigário paroquial

78. Como enriquecimento na perspectiva das soluções acima propostas, existe a possibilidade de que um sacerdote seja nomeado vigário paroquial e encarregado de um específico setor da pastoral (jovens, idosos, doentes, associações, irmandades, formação, catequese etc.), "transversal" a diversas paróquias, ou para realizar na totalidade o ministério, ou uma parte específica deste, em uma dessas paróquias (CIC, cân. 545, § 2).[7]

No caso da função conferida a um vigário paroquial para mais paróquias, confiadas a diversos párocos, será conveniente explicitar e descrever no Decreto de nomeação as tarefas que lhe são confiadas em relação a cada comunidade paroquial e o tipo de relação a ser mantida com os párocos em relação à residência, ao sustento e à celebração da Santa Missa.

e. Diáconos

79. Os diáconos são ministros ordenados, incardinados em uma diocese ou em outra realidade eclesial que tenha a faculdade de incardinar (CIC, cân. 265); são colaboradores do Bispo e dos presbíteros na única missão evangelizadora, com o compromisso específico, em virtude do sacramento recebido, de "servir o povo de Deus na diaconia da liturgia, da palavra e da caridade" (CIC, cân. 1009, § 3).

---

[7] A título de exemplo, pensa-se a um sacerdote, com experiência espiritual, mas de fraca saúde, nomeado confessor ordinário para cinco paróquias territorialmente vizinhas.

80. Para salvaguardar a identidade dos diáconos, em vista da promoção do seu ministério, o Papa Francisco já alertou contra alguns riscos relativos à compreensão da natureza do diaconato: "Devemos estar atentos a não ver os diáconos como meio padres e meio leigos. [...] E muito menos é correta a imagem do diácono como uma espécie de intermediário entre os fiéis e os pastores. Nem a metade da estrada entre os padres e os leigos, nem meia estrada entre os pastores e os fiéis. E há duas tentações. Há o perigo do clericalismo: o diácono que é muito clerical. [...] E a outra tentação, o funcionalismo: é um auxílio que o padre tem para isto ou aquilo".[8]

Prosseguindo no mesmo discurso, o Santo Padre então ofereceu alguns esclarecimentos em mérito ao papel específico dos diáconos no meio da comunidade eclesial: "O diaconato é uma vocação específica, uma vocação familiar que recorda o serviço.[...] Esta palavra é a chave para compreender o seu carisma. O serviço como um dos dons característicos do povo de Deus. O diácono é – por assim dizer – o guardião do serviço na Igreja. Cada palavra deve ser bem medida. Vocês são os guardiões do serviço na Igreja: o serviço da Palavra, o serviço do Altar, o serviço aos pobres".[9]

81. A doutrina sobre o diaconato ao longo dos séculos conheceu uma importante evolução. A sua retomada no

---

[8] FRANCISCO. Discurso durante o encontro com os sacerdotes e os consagrados. Milão, 25 de março de 2017. In: *AAS* 109, 2017, 376.

[9] Ibidem, 376-377.

Concílio Vaticano II coincide também com uma clareza doutrinal e com um alargamento da ação ministerial de referência, que não se limita a "confinar" o diaconato apenas no âmbito do serviço caritativo ou a reservá-lo – segundo o que foi estabelecido no Concílio de Trento – só aos transeuntes e quase unicamente para o serviço litúrgico. Em vez disso, o Concílio Vaticano II especifica que se trata de um grau do sacramento da Ordem e, por isso, esses, "fortalecidos pela graça sacramental, servem ao povo de Deus na diaconia da liturgia, da palavra e da caridade em comunhão com o bispo e seu presbitério" (LG, n. 29).

A recepção pós-conciliar retoma o estabelecido pela *Lumen Gentium* e define cada vez melhor o ofício dos diáconos como participação, ainda que em um grau diverso, no Sacramento da Ordem. Na Audiência concedida aos participantes do Congresso Internacional sobre o Diaconato, São Paulo VI quis reiterar, de fato, que o diácono serve às comunidades cristãs "seja no anúncio da Palavra de Deus, seja no ministério dos sacramentos e no exercício da caridade".[10] De outra parte, apesar de no Livro dos Atos (At 6,1-6) parecer que os sete homens escolhidos fossem destinados apenas ao serviço das mesas, na realidade, o mesmo Livro bíblico conta como Estêvão e Filipe desenvolvem por completo a "diaconia da Palavra". Então, como colaboradores dos Doze e de

---

[10] SÃO PAULO VI. Alocução na Audiência concedida aos participantes do Congresso Internacional sobre o Diaconato, 25 de outubro de 1965. In: *Enchiridion sul Diaconato* (2009), 147-148.

Paulo, esses exercitam o seu ministério em dois âmbitos: a evangelização e a caridade.

Portanto, são muitos os cargos eclesiais que podem ser confiados a um diácono, ou seja, todos aqueles que não comportam o pleno cuidado das almas (CIC, cân. 150). O *Código de Direito Canônico*, todavia, determina quais ofícios são reservados ao presbítero e quais podem ser confiados também aos fiéis leigos, enquanto não aparecer a indicação de nenhum particular ofício em que o ministério diaconal possa exprimir a sua especificidade.

82. Em todo caso, a história do diaconato recorda que esse foi instituído em vista do anúncio do Evangelho, a *plantatio ecclesiae*, com a consequente catequese querigmática e para a ação caritativa, que comporta também a administração dos bens. Tal dúplice missão do diácono, pois, exprime-se no âmbito litúrgico, no qual ele é chamado a proclamar o Evangelho e a servir à mesa eucarística. Essas mesmas referências poderiam ajudar a individuar trabalhos específicos para o diácono, valorizando os aspectos próprios de tal vocação em vista da promoção do ministério diaconal.

f. As pessoas consagradas

83. No interior da comunidade paroquial, em numerosos casos, estão presentes pessoas que pertencem à vida consagrada. Esta, "de fato, não é uma realidade externa ou independente da vida da Igreja local, mas constitui um modo peculiar, marcado pela radicalidade evangélica, de estar presente no seu seio, com os seus dons específicos"

(IE, n. 21).[11] Além do mais, integrada na comunidade junto aos clérigos e aos leigos, a vida consagrada "se situa na dimensão carismática da Igreja. [...] A espiritualidade dos Institutos de Vida Consagrada pode tornar-se, tanto para o fiel leigo como para o presbítero, um auxílio para viver a própria vocação" (IE, n. 22).

84. A contribuição que os consagrados podem trazer à missão evangelizadora da comunidade paroquial deriva em primeiro lugar do seu "ser", isto é, do testemunho de um radical seguimento de Cristo mediante a profissão dos conselhos evangélicos (CIC, cân. 573, § 1), e apenas posteriormente também o seu "trabalho", isto é, as atividades realizadas em conformidade com o carisma de cada instituto (por exemplo, catequese, caridade, formação, pastoral juvenil, cuidado dos doentes).[12]

g. Leigos

85. A comunidade paroquial compõe-se, especialmente, de fiéis leigos (EG, n. 102), os quais, por força do Batismo e dos outros sacramentos da iniciação cristã – e em muitos casos também do Matrimônio (CfL, n. 23) –,

---

[11] CONGREGAÇÃO PARA A DOUTRINA DA FÉ. Carta *Iuvenescit Ecclesia* aos Bispos da Igreja Católica sobre a relação entre dons hierárquicos e carismáticos para a vida e missão da Igreja. (Documentos da Igreja, 30). Brasília: Edições CNBB, 2016.

[12] CONGREGAÇÃO PARA OS RELIGIOSOS E INSTITUTOS SECULARES; CONGREGAÇÃO PARA OS BISPOS. Documento *Mutuae Relationes* sobre os critérios diretivos para as relações mútuas entre os Bispos e os religiosos na Igreja, 14 de maio de 1978, n. 10; 14, a. In: *Enchiridion Vaticanum* 6 (1977-1979), 604-605; 617-620; cf. AS, n. 98.

participam da ação evangelizadora da Igreja, a partir do momento em que "a vocação e a missão própria dos fiéis leigos é a transformação das diversas realidades terrenas, para que toda a atividade humana seja transformada pelo Evangelho" (EG, n. 201).

De modo particular, os fiéis leigos, tendo como próprio e específico o caráter secular, ou "procurar o Reino de Deus exercendo funções temporais e ordená-las segundo Deus" (LG, n. 31), "podem também sentir-se chamados ou vir a ser chamados para colaborar com os próprios Pastores ao serviço da comunidade eclesial, para o crescimento e a vida da mesma, pelo exercício dos ministérios muito diversificados, segundo a graça e os carismas que o Senhor houver por bem depositar neles" (EN, n. 73).[13]

86. Espera-se hoje de todos os fiéis leigos um generoso trabalho a serviço da missão evangelizadora, antes de mais nada, com o testemunho, em geral, de uma vida cotidiana em conformidade ao Evangelho, nos habituais ambientes de vida e em cada nível de responsabilidade; depois, em particular, com a assunção dos seus compromissos correspondentes ao serviço da comunidade paroquial (EG, n. 81).

h. Outras formas de confiar o cuidado pastoral

87. Existe, pois, uma ulterior modalidade para o Bispo – como ilustra o cân. 517, § 2 – de providenciar

---

[13] SÃO PAULO VI. Exortação Apostólica *Evangelii Nuntiandi*: sobre a Evangelização no Mundo Contemporâneo, 8 de dezembro de 1975. In: *AAS* 68 (1976), 61.

o cuidado pastoral de uma comunidade, mesmo se, pela escassez de sacerdotes, não for possível nomear um pároco nem um administrador paroquial que possa assumi-la em tempo integral. Em tais circunstâncias pastoralmente problemáticas, para sustentar a vida cristã e dar prosseguimento à missão evangelizadora da comunidade, o Bispo diocesano pode confiar a um diácono uma participação no exercício do cuidado pastoral a uma paróquia, a um consagrado ou um leigo, ou também a um grupo de pessoas – por exemplo, um instituto religioso, uma associação (CIC, cân. 517, § 2).

88. Aqueles aos quais de tal modo será confiada a participação no cuidado pastoral da comunidade serão coordenados e guiados por um presbítero com legítimas faculdades, constituído "Moderador do cuidado pastoral", ao qual compete exclusivamente o poder e as funções de pároco, mesmo não havendo o ofício, com os conseguintes deveres e direitos.

É bom recordar que se trata de uma forma extraordinária de confiar o cuidado pastoral, devido à impossibilidade de nomear um pároco ou um administrador paroquial, para não confundir com a ordinária ativa cooperação e com o ato de assumir responsabilidades da parte de todos os fiéis.

89. Em vista do recurso a tal remédio extraordinário, é necessário preparar adequadamente o povo de Deus, havendo, pois, o cuidado de adotá-lo somente para o tempo necessário, não indefinidamente (AS, n. 215). A reta compreensão e aplicação de tal cânone exige que o recurso previsto "aconteça no cuidado com respeito às cláusulas neste contidas, ou: a) 'pela carência de sacerdotes', e não por razões de comodidade ou de uma equívoca 'promoção do laicato' [...]; b) permanecendo que se trata de 'participação no exercício do cuidado pastoral' e não de dirigir, coordenar, moderar, governar a paróquia; uma coisa que, segundo o texto do cânone, compete somente a um sacerdote".[14]

90. Com vista a levar a bom termo a confiança do cuidado pastoral segundo o CIC, cân. 517, § 2,[15] é necessário observar alguns critérios. Em primeiro lugar, tratando-se de uma solução pastoral extraordinária e temporânea,[16] a única causa canônica que legitima o seu recurso é a falta de sacerdotes, a ponto de não ser possível prover ao cuidado pastoral da comunidade paroquial com a nomeação de um pároco ou de um administrador paroquial. Além do mais,

---

[14] CONGREGAÇÃO PARA O CLERO. Instrução [interdicasterial] sobre algumas questões sobre a colaboração dos fiéis leigos ao ministério dos sacerdotes: *Ecclesiae de mysterio*, 15 de agosto de 1997, art. 4, § 1. a-b): *AAS* 89 (1997), 866-867; cf. AS, n. 215. A tal sacerdote esperará também a representação jurídica da paróquia, seja canonicamente, seja civilmente, onde a Lei do Estado o prever.

[15] Antes de recorrer à solução consentida pelo cân. 517, § 2, é necessário que o Bispo diocesano avalie prudentemente outras possibilidades a adotar alternativamente, por exemplo, nomear sacerdotes anciães ainda ativos para o ministério, confiar várias paróquias a um único pároco ou confiar várias paróquias a um grupo de sacerdotes *in solidum*.

[16] *Ecclesiae de mysterio*, art. 4, § 1; *AAS* 89 (1997), 866-867; CONGREGAÇÃO PARA O CLERO. Instrução *O presbítero, pastor e guia da comunidade paroquial*, 4 de agosto de 2002, n. 23 e 25; de modo particular, trata-se de "uma colaboração *ad tempus* no exercício do cuidado pastoral da paróquia", cf. n. 23: *Enchiridion Vaticanum* 21 (2002), 834-836.

um ou mais diáconos serão preferíveis a consagrados e leigos para tal forma de gestão do cuidado pastoral.[17]

91. Em todo caso, a coordenação da atividade pastoral assim organizada compete ao presbítero designado pelo Bispo diocesano como Moderador; tal sacerdote tem exclusivamente os poderes e as faculdades próprias do pároco; os outros fiéis têm, por sua vez, "a participação no exercício da cura pastoral da paróquia" (CIC, cân. 517, § 2).

92. Seja o diácono, seja as outras pessoas não assinaladas pela ordem sagrada, que participam no exercício do cuidado pastoral, podem realizar somente as funções que correspondem ao respectivo estado diaconal ou de fiéis leigos, respeitando "as propriedades originárias da diversidade e complementariedade entre os dons e as funções dos ministros ordenados e dos fiéis leigos, próprios da Igreja que Deus quis organicamente estruturada".[18]

93. Por fim, no Decreto com o qual se nomeia o presbítero Moderador, é altamente recomendado que o Bispo exponha, pelo menos sumariamente, as motivações em virtude das quais se apresenta necessária a aplicação de uma forma extraordinária de confiar o cuidado pastoral de uma ou mais comunidades paroquiais e, consequentemente, as formas de exercício do ministério do sacerdote responsável.

---

[17] CONGREGAÇÃO PARA O CLERO. Instrução *O presbítero, pastor e guia da comunidade paroquial*, 4 de agosto de 2002, n. 25. In: *Enchiridion Vaticanum* 21 (2002), 836.

[18] CONGREGAÇÃO PARA O CLERO. Instrução *O presbítero, pastor e guia da comunidade paroquial*, op. cit., n. 23.

Capítulo IX

CARGOS E MINISTÉRIOS PAROQUIAIS

94. Além da colaboração ocasional que cada pessoa de boa vontade – também os não batizados – pode oferecer às atividades cotidianas da paróquia, existem alguns cargos estáveis, com base nos quais os fiéis acolhem a responsabilidade para certo tempo de um serviço no interior da comunidade paroquial. Pode-se pensar, por exemplo, nos catequistas, nos ministros, nos educadores que trabalham em grupos e associações, nos que trabalham no serviço da caridade e naqueles que se dedicam aos diversos tipos de atendimento e aconselhamento, ou nos centros de acolhimento e naqueles que visitam os doentes.

95. Em todo caso, ao designar os cargos confiados aos diáconos, aos consagrados e aos fiéis leigos que receberam uma participação no exercício do cuidado pastoral, é necessário usar uma terminologia que corresponda de modo correto às funções que esses podem exercer em conformidade ao seu estado, assim para manter clara a diferença essencial que decorre entre o sacerdócio comum e o sacerdócio ministerial e de modo que seja evidente a identidade da missão recebida por cada um.

96. Em tal sentido, antes de tudo, é responsabilidade do Bispo diocesano e, para o que lhe corresponde, do pároco, que os cargos dos diáconos, dos consagrados e dos leigos, que têm papel de responsabilidade na paróquia, não sejam designados com as expressões de "pároco", "copároco", "pastor", "capelão", "moderador", "responsável paroquial" ou com outras denominações similares,[1] reservadas pelo direito aos sacerdotes,[2] uma vez que têm relação direta com o perfil ministerial dos presbíteros.

Com relação aos mencionados fiéis e aos diáconos, é ilegítimo e não conforme à sua identidade vocacional, o emprego de expressões como "confiar o cuidado pastoral de uma paróquia", "presidir a comunidade paroquial" e outras similares, que se refiram à especificidade do ministério sacerdotal, que compete ao pároco.

Parece ser mais apropriada, por exemplo, a denominação de "diácono cooperador" e, para os consagrados e os leigos, de "coordenador pastoral", de "cooperador pastoral", de "assistente pastoral" e de "coordenador de (um setor da pastoral)".

97. Os fiéis leigos, pela norma do direito, podem ser instituídos leitores e acólitos de modo estável, por meio de rito especial, segundo o cân. 230, § 1. O fiel não ordenado

---

[1] *Ecclesiae de mysterio*, art. 1, § 3. In: *AAS* 89 (1997), 863.

[2] CONGREGAÇÃO PARA O CLERO. Instrução *O presbítero, pastor e guia da comunidade paroquial*, 4 de agosto de 2002, n. 23. In: *Enchiridion Vaticanum* 21 (2002), 835.

pode assumir a denominação de "ministro extraordinário" somente se, efetivamente, foi convocado pela Autoridade competente (AS, n. 112) para realizar as funções de suplência, à luz dos cân. 230, § 3, e 943. A delegação temporária nas ações litúrgicas, segundo o cân. 230, § 2, mesmo que prorrogada no tempo, não confere nenhuma denominação especial ao fiel não ordenado.[3]

Tais fiéis leigos devem estar em plena comunhão com a Igreja Católica (CIC, cân. 205), ter recebido uma formação adequada à função a qual são chamados a desempenhar e manter uma conduta pessoal e pastoral exemplar, que os torne respeitáveis no desempenho do serviço.

98. Além do que compete aos leitores e aos acólitos estavelmente instituídos (CIC, cân. 230, § 1), o Bispo, a seu prudente juízo, poderá conceder oficialmente alguns cargos[4] aos diáconos, às pessoas consagradas e aos fiéis leigos, sob a orientação e a responsabilidade do pároco, por exemplo:

---

[3] É bom recordar que, além daquelas próprias do ministério do leitorado, entre as funções litúrgicas que o Bispo diocesano, consultada a Conferência Episcopal, pode confiar temporaneamente a fiéis leigos, homens e mulheres, figura também o serviço ao altar, respeitando a relativa norma canônica: PONTIFÍCIO CONSELHO PARA A INTERPRETAÇÃO DOS TEXTOS LEGISLATIVOS. *Resposta* (11 de julho de 1992), *AAS* 86 (1994), 541; CONGREGAÇÃO PARA O CULTO DIVINO E A DISCIPLINA DOS SACRAMENTOS. *Carta circular* (15 de março de 1994); *AAS* 86 (1994), 541-542.

[4] No ato em que o Bispo confia os cargos acima mencionados a diáconos ou a fiéis leigos, determine claramente as funções que estão habilitados a desenvolver e por quanto tempo.

1º A celebração da liturgia da Palavra nos domingos e nas festas de preceito, "se for impossível a participação na celebração eucarística por falta de ministro sagrado ou por outra causa grave" (CIC, cân. 1248, § 2). Trata-se de uma eventualidade excepcional, a ser utilizada somente em circunstâncias de verdadeira impossibilidade e sempre havendo o cuidado de confiar tais liturgias aos diáconos, se eles estiverem presentes;

2º A administração do Batismo, tendo presente que "o ministro ordinário do Batismo é o Bispo, o presbítero e o diácono" (CIC, cân. 861, § 1) e que, consoante o que está previsto no cân. 861, § 2, constitui uma exceção, a ser avaliada a critério do Ordinário do lugar;

3º A celebração do rito das exéquias, com respeito ao previsto no n. 19 dos *Praenotanda* do *Ordo Exsequiarum*.

99. Os fiéis leigos podem pregar em uma igreja ou em um oratório se as circunstâncias, a necessidade ou um caso particular o exigirem, "segundo as prescrições da Conferência Episcopal" (CIC, cân. 766) e "em conformidade com o direito ou às normas litúrgicas e na observância das cláusulas desses conteúdos".[5] Esses, ao contrário, não podem em nenhum caso proferir a homilia durante a celebração da Eucaristia (CIC, cân. 767, § 1).[6]

---

[5] *Ecclesiae de mysterio*, art. 3, § 4: *AAS* 89 (1997), 865.

[6] Ibidem, art. 3, § 1: *AAS* 89 (1997), 864.

100. A esse respeito, "onde faltarem sacerdotes e diáconos, o Bispo diocesano, obtido previamente o parecer favorável da Conferência Episcopal e a licença da Santa Sé, pode delegar leigos para assistirem aos matrimônios" (CIC, cân. 1112, § 1; cf. PB, art. 63).[7]

---

[7] SÃO JOÃO PAULO II. Constituição Apostólica *Pastor Bonus*: sobre a Cúria Romana, 28 de junho de 1988, a propósito das competências da Congregação para o Culto Divino e da Disciplina dos Sacramentos.

CAPÍTULO X

OS ORGANISMOS DE CORRESPONSABILIDADE ECLESIAL

a. O Conselho Paroquial para os Assuntos Econômicos

101. Em diversas medidas, a gestão dos bens que cada paróquia dispõe é um âmbito importante da evangelização e do testemunho evangélico, diante da Igreja e da sociedade civil, em que, como recordou o Papa Francisco, "todos os bens que temos, o Senhor os dá para fazer andar avante o mundo, para fazer andar avante a humanidade, para ajudar os outros".[1] O pároco, então, não pode e não deve estar sozinho em tal trabalho (CIC, cân. 537 e 1280), mas é necessário que seja assistido por colaboradores para administrar os bens da Igreja primeiramente com zelo evangelizador e espírito missionário.[2]

102. Por essa razão, em cada paróquia, deve-se necessariamente constituir o Conselho para os Assuntos Econômicos,

---

[1] FRANCISCO. Meditação cotidiana em Santa Marta, 21 de outubro de 2013. In: *L'Osservatore Romano* 242 (21-22 de outubro de 2013), 8.

[2] Em conformidade ao cân. 532 do *Código de Direito Canônico*, o pároco é responsável pelos bens da paróquia; também, ao administrá-los, deve contar com a colaboração de leigos espertos.

órgão consultivo, presidido pelo pároco e formado por pelo menos outros três fiéis (CIC, cân. 115, § 2, e, por analogia, 492, § 1); o número mínimo de três é necessário para que tal conselho possa considerar-se "colegial"; é bom recordar que o pároco não está incluído entre os membros do Conselho para os Assuntos Econômicos, mas o preside.

103. Na ausência de normas específicas dadas pelo Bispo diocesano, o pároco deverá determinar o número dos membros do Conselho, em relação às dimensões da paróquia, e se esses devem ser por ele nomeados, ou em vez disso, eleitos pela comunidade paroquial.

Os membros de tal conselho não devem necessariamente pertencer à mesma paróquia, devem ser de boa fama comprovada e peritos em questões econômicas e jurídicas (CIC, cân. 537; cf. AS, n. 210), para poder fazer um trabalho efetivo e competente, de modo que o Conselho não seja constituído só formalmente.

104. Por fim, a menos que o Bispo diocesano não tenha disposto de outra forma, observada a devida prudência e eventuais normas do direito civil, nada impede que a mesma pessoa possa ser membro do Conselho para os Assuntos Econômicos de mais de uma paróquia, onde as circunstâncias o exijam.

105. As normas eventualmente emanadas na matéria por parte do Bispo diocesano deverão levar em consideração as situações específicas das paróquias, por exemplo, a consistência particularmente modesta ou pertencer a uma unidade pastoral (CIC, cân. 517 e 526).

106. O Conselho para os Assuntos Econômicos pode desenvolver um papel de particular importância no crescimento, no interior das comunidades paroquiais, da cultura da corresponsabilidade, da transparência administrativa e do socorro às necessidades da Igreja. De modo particular, a transparência é entendida não somente como formal apresentação de dados, como também como necessária informação à comunidade e proveitosa oportunidade para seu envolvimento formativo. Trata-se de um *modus agendi* imprescindível para a credibilidade da Igreja, sobretudo onde essa se encontra em posse de bens significativos para administrar.

107. Ordinariamente, o objetivo da transparência pode ser conseguido publicando o balanço anual, que deve antes ser apresentado ao Ordinário do lugar (CIC, cân. 1287, § 1), com a indicação detalhada dos créditos e dos débitos. Assim, a partir do momento que os bens são da paróquia, não do pároco, que é o seu administrador, a comunidade no seu conjunto poderá ser consciente de como os bens foram administrados, qual a situação econômica da paróquia e de quais recursos ela pode efetivamente dispor.

b. O Conselho Pastoral Paroquial

108. A normativa canônica vigente (CIC, cân. 536, § 1) permite ao Bispo diocesano a avaliação sobre a criação de um Conselho Pastoral nas paróquias, que pode em qualquer caso ser considerado como norma recomendada vivamente, como recordou o Papa Francisco: "Quanto são necessários os conselhos pastorais! Um Bispo não pode guiar uma diocese sem os conselhos pastorais. Um pároco não pode conduzir a paróquia sem os conselhos pastorais".[3]

A elasticidade da norma permite em qualquer caso as adaptações consideradas oportunas nas circunstâncias concretas; por exemplo, no caso de mais paróquias confiadas a um único pároco, ou na presença de unidades pastorais, é possível constituir um único Conselho Pastoral para mais paróquias.

109. O sentido teológico do Conselho Pastoral está inscrito na realidade constitutiva da Igreja, isto é, o seu ser "Corpo de Cristo", que gera uma "espiritualidade de comunhão". Na Comunidade cristã, de fato, a diversidade de carismas e ministérios que deriva da incorporação a Cristo e do dom do Espírito não pode jamais ser homologada até se tornar "uniformidade, obrigação de fazer tudo juntos e tudo igual, de pensar todos sempre ao mesmo modo".[4] Ao contrário, em virtude do sacerdócio batismal (LG, n. 10), cada fiel é estabelecido para a edificação de todo o Corpo e, ao mesmo tempo, o conjunto do povo de Deus, na recíproca corresponsabilidade dos seus membros, participa da missão da Igreja, isto é, discerne na história os sinais da presença de Deus e se torna testemunha do seu Reino.[5]

---

[3] FRANCISCO. Discurso durante o encontro com o clero, pessoas de vida consagrada e membros de conselhos pastorais. Assis, 4 de outubro de 2013. In: *Ensinamentos* I/2 (2013), 328.

[4] FRANCISCO. Homilia da Santa Missa na Solenidade de Pentecostes, 4 de junho 2017. In: *AAS* 109 (2017), 711.

[5] CONGREGAÇÃO PARA O CLERO. Carta circular *Omnes Christifide-*

110. Longe de ser um simples organismo burocrático, então, o Conselho Pastoral coloca em destaque e realiza a centralidade do povo de Deus como sujeito e protagonista ativo da missão evangelizadora, em virtude do fato de cada fiel ter recebido os dons do Espírito por meio do Batismo e da Crisma: "Renascer à vida divina no Batismo é o primeiro passo; é preciso então comportar-se como filho de Deus, ou seja, conformar-se ao Cristo que age na santa Igreja, deixando-se envolver na sua missão no mundo. A isso provê a unção do Espírito Santo: 'sem a sua força, nada está no homem' (cf. Sequência de Pentecostes). [...] Como toda a vida de Jesus foi animada pelo Espírito, assim também a vida da Igreja e de cada membro está sob a orientação do mesmo Espírito".[6]

À luz dessa visão de fundo, podem-se recordar as palavras de São Paulo VI: "É compromisso do Conselho Pastoral estudar, examinar tudo o que concerne às atividades pastorais e propor então conclusões práticas, a fim de promover a conformidade da vida e da ação do povo de Deus com o Evangelho",[7] na consciência de que, como recordou o Papa Francisco, a finalidade de tal Conselho "não há de ser principalmente a organização eclesial, mas o sonho missionário de chegar a todos" (EG, n. 31).

---

les, 25 de janeiro de 1973, n. 4 e 9; *Enchiridion Vaticanum* 4 (1971-1973), 1199-1201 e 1207-1209; cf. CfL, n. 27.

[6] FRANCISCO. Audiência Geral, 23 de maio de 2018.

[7] SÃO PAULO VI. Carta apostólica *Motu Proprio Ecclesiae Sanctae*, 6 de agosto de 1966, I, 16, § 1. In: *AAS* 58 (1966), 766; cf. CIC, cân. 511.

111. O Conselho Pastoral é um organismo consultivo, criado com normas estabelecidas pelo Bispo diocesano para definir os critérios de composição, as modalidades de eleição dos membros, os objetivos e o modo de funcionamento (CIC, cân. 536, § 2). Em todo caso, para não desnaturalizar a índole de tal Conselho é bom evitar defini-lo como "time" ou "equipe", vale dizer, em termos não idôneos, a fim de exprimir corretamente a relação eclesial e canônica entre o pároco e os outros fiéis.

112. Em respeito às relativas normas diocesanas, é necessário que o Conselho Pastoral seja efetivamente representativo da comunidade da qual é expressão em todos os seus componentes (presbíteros, diáconos, consagrados e leigos). Esse constitui um âmbito específico em que os fiéis possam exercitar o seu *direito-dever* de exprimir o próprio pensamento aos pastores e comunicá-lo também aos outros fiéis, para o bem da comunidade paroquial (CIC, cân. 212, § 3).

A função principal do Conselho Pastoral Paroquial está, portanto, em pesquisar e estudar propostas práticas voltadas às iniciativas pastorais e caritativas que dizem respeito à paróquia, em sintonia com a caminhada da diocese.

113. O Conselho Pastoral Paroquial "tem apenas voto consultivo" (CIC, cân. 536, § 2), no sentido de que as suas propostas devem ser acolhidas favoravelmente pelo pároco para que se tornem operativas. O pároco, pois, é obrigado a considerar atentamente as indicações do Conselho Pastoral, especialmente se expressas por unanimidade, em um processo de comum discernimento.

Para que o serviço do Conselho Pastoral possa ser eficaz e profícuo, é necessário evitar dois extremos: de um lado, o pároco que se limita a apresentar ao Conselho Pastoral decisões já tomadas, ou sem a devida informação prévia, ou que o convoca raramente, somente *pro forma*; de outro, um Conselho no qual o pároco é apenas um dos membros, privado de fato do seu papel de pastor e guia da comunidade.[8]

114. Enfim, é considerado conveniente que, o quanto possível, o Conselho Pastoral seja mais composto daqueles que têm efetivas responsabilidades na vida pastoral da paróquia, ou que nessa são concretamente compromissados, a fim de evitar que as reuniões se transformem em uma troca de ideias abstratas, que não levem em consideração a vida real da comunidade, com os seus recursos e problemáticas.

c. Outras formas de corresponsabilidade no cuidado pastoral

115. Quando uma comunidade de fiéis não pode ser criada como paróquia ou quase-paróquia (CIC, cân. 516, § 1), o Bispo diocesano, ouvido o Conselho presbiteral (CIC, cân. 515, § 2), providenciará outro modo para o seu cuidado pastoral (CIC, cân. 516, § 2), avaliando, por exemplo, a possibilidade de estabelecer centros pastorais, dependentes do pároco do lugar, como "áreas missionárias" para promover

---

[8] CONGREGAÇÃO PARA O CLERO. Instrução *O presbítero, pastor e guia da comunidade paroquial*, 4 de agosto de 2002, n. 26. In: *Enchiridion Vaticanum* 21 (2002), 843.

a evangelização e a caridade. Em tais casos, necessita dotar tais realidades de uma igreja idônea ou de um oratório (CIC, cân. 1214, 1223 e 1225) e criar uma normativa diocesana de referência para as suas atividades, de modo que essas sejam coordenadas e complementadas em respeito àquelas da paróquia.

116. Os centros assim definidos, que em algumas dioceses são chamados "diaconias", poderão ser confiados – onde for possível – a um vigário paroquial, ou também, de modo especial, a um ou mais diáconos permanentes, que tenham a responsabilidade e eventualmente os gerenciem junto às suas famílias, sob a responsabilidade do pároco.

117. Tais centros poderão se tornar postos missionários avançados e instrumentos de proximidade, sobretudo nas paróquias com um território muito extenso, de modo a garantir momentos de oração e adoração eucarística, catequese e outras atividades em benefício dos fiéis, em especial as relativas à caridade aos pobres e aos necessitados e ao cuidado com os doentes, solicitando a colaboração de consagrados e leigos e de todas as pessoas de boa vontade.

Será tarefa dos responsáveis pelo centro pastoral garantir, o quanto for possível, a frequente celebração dos Sacramentos, sobretudo da Santa Missa e da Reconciliação, por meio do pároco e dos outros presbíteros da comunidade.

CAPÍTULO XI

OFERTAS PARA A CELEBRAÇÃO DOS SACRAMENTOS

118. Um tema conexo à vida das paróquias e à sua missão evangelizadora é a oferta dada para a celebração da Santa Missa, destinada ao sacerdote celebrante e dos outros sacramentos, que é destinado à paróquia (CIC, cân. 848 e 1264, 2º; 945-958).[1] Trata-se de uma oferta que, por sua natureza, deve ser um ato livre da parte do ofertante, deixando, à sua consciência e ao seu senso de responsabilidade eclesial, não um "preço a pagar" ou uma "taxa a exigir", como se se tratasse de um tipo de "imposto sobre sacramentos". De fato, com a oferta para a Santa Missa, "os fiéis contribuem para o bem da Igreja e, com essa oferta, participam no cuidado dela em sustentar os seus ministros e as suas obras" (CIC, cân. 946).

119. Em tal sentido, revela-se importante a obra de sensibilização dos fiéis, para que contribuam livremente às necessidades da paróquia, que são "coisa sua" e da qual é bom que aprendam espontaneamente a ter cuidado, de modo especial nos países em que a oferta da Santa Missa é ainda

---

[1] Cf. CONGREGAÇÃO PARA O CLERO. Decreto *Mos Iugiter*, 22 de fevereiro de 1991, aprovado em forma específica por São João Paulo II. In: *Enchiridion Vaticanum* 13 (1991-1993), 6-28.

a única fonte de sustento para os sacerdotes e também de recursos para a evangelização.

120. A mencionada sensibilização será mais eficaz à medida que os presbíteros, do seu lado, oferecerem exemplos "virtuosos" no bom uso do dinheiro, seja com um estilo de vida sóbrio e sem excessos em nível pessoal, seja com uma gestão dos bens paroquiais transparente e ponderada não sobre "projetos" do pároco ou de um grupo restrito de pessoas, talvez bons, mas abstratos, mas sim sobre reais necessidades dos fiéis, sobretudo os mais pobres e necessitados.

121. Em todo caso, "evite-se inteiramente qualquer aparência de negócio ou comércio com as ofertas das Missas" (CIC, cân. 947), levando em consideração que "muito se recomenda aos sacerdotes que, mesmo sem receberem oferta, celebrem Missa por intenção dos fiéis, particularmente dos pobres" (CIC, cân. 945, § 2).

Entre os instrumentos que podem viabilizar a realização de tal fim, pode-se pensar o recolhimento das ofertas de modo anônimo, assim que cada um se sinta livre para doar o que pode, ou o que considera justo, sem sentir-se no dever de corresponder ao que se espera ou um preço.

CONCLUSÃO

122. Inspirando-se novamente na eclesiologia do Concílio Vaticano II, à luz do Magistério recente, e considerando os contextos sociais e culturais profundamente mudados, esta Instrução visa focalizar o tema da renovação da paróquia em sentido missionário.

Enquanto essa permanece uma instituição imprescindível para o encontro e a relação viva com Cristo e com os irmãos na fé, também é verdade que ela deve constantemente se colocar em relação com as mudanças em vigor na cultura hodierna e na existência das pessoas, a fim de poder explorar, com criatividade, estradas e instrumentos novos, que a permitam estar à altura de sua tarefa primordial, isto é, a missão de ser o centro propulsor da evangelização.

123. Por consequência, a ação pastoral tem necessidade de ir além da estrita delimitação territorial da paróquia, de fazer transparecer mais claramente a comunhão eclesial por meio da sinergia entre ministérios e carismas diversos e, não menos, de estruturar-se como uma "pastoral orgânica" a serviço da diocese e da sua missão.

Trata-se de um agir pastoral que, por meio de uma efetiva e vital colaboração entre presbíteros, diáconos, consagrados, leigos e entre diversas comunidades paroquiais de uma mesma área ou região, preocupa-se em identificar as questões, as dificuldades e os desafios concernentes à evangelização, procurando integrar caminhos, instrumentos, propostas e meios idôneos para enfrentá-las. Tal projeto missionário comum poderia ser elaborado e realizado em relação a contextos territoriais e sociais vizinhos, isto é, em comunidades vizinhas ou unidas pelas mesmas condições socioculturais, ou no que diz respeito a âmbitos pastorais correlacionados, por exemplo, no contexto de uma necessária coordenação entre pastoral juvenil, universitária e vocacional, como já acontece em várias dioceses.

A pastoral orgânica, por isso, além da coordenação responsável pelas atividades e de estruturas pastorais capazes de relacionamento e colaboração entre si, exige a contribuição de todos os batizados. Com as palavras do Papa Francisco: "Quando falamos de 'povo' não se deve entender as estruturas da sociedade ou da Igreja, mas o conjunto de pessoas que não caminham como indivíduos, mas como rede de uma comunidade de todos e para todos" (ChV, n. 231).

Isso exige que a histórica instituição paroquial não permaneça prisioneira do imobilismo ou de uma preocupante repetitividade pastoral, mas que, ao contrário, coloque em ação aquele "dinamismo em saída" que, mediante a colaboração entre diversas comunidades paroquiais e uma profunda comunhão entre clérigos e leigos, a torne efetivamente orientada à missão evangelizadora, compromisso de todo o povo de Deus, que caminha na história como "família de Deus" e que, na sinergia dos diversos membros, trabalha para o crescimento de todo o corpo eclesial.

Este Documento, por isso, além de evidenciar a urgência de uma tal renovação, apresenta uma normativa canônica que estabelece as possibilidades, os limites, os direitos e os deveres de pastores e leigos, para que a paróquia se redescubra como lugar fundamental do anúncio evangélico, da celebração da Eucaristia, espaço de fraternidade e caridade, de onde irradia o testemunho cristão para o mundo. Isto é, essa "deve permanecer como um lugar de criatividade, de referência, de maternidade. E ali atuar a imaginação criativa; e, quando uma paróquia vai avante, assim se realiza o que eu chamo de 'paróquia em saída'".[1]

124. O Papa Francisco convida a invocar "Maria, Mãe da evangelização", para que "nos ajude a Virgem a dizer o nosso 'sim' na urgência de fazer ressoar a Boa Notícia de Jesus no nosso tempo; nos conceda um novo ardor de ressuscitados para levar a todos o Evangelho da vida que vence a morte; interceda por nós para que possamos adquirir a santa audácia de procurar novos caminhos para que a todos alcance o dom da salvação".[2]

---

[1] FRANCISCO. Encontro com os Bispos poloneses, Cracóvia, 27 de julho de 2016. In: *AAS* 108 (2016), 893.

[2] FRANCISCO. Mensagem para a Jornada Missionária Mundial, 4 de junho de 2017, n. 10. In: *AAS* 109 (2017), 764.

No dia 27 de junho de 2020, o Santo Padre aprovou este Documento da Congregação para o Clero.

Roma, 29 de junho de 2020,
Solenidade dos Santos Pedro e Paulo.

✠ Beniamino Card. Stella
Prefeito

✠ Joël Mercier
Secretário

✠ Jorge Carlos Patrón Wong
Secretário para os seminários

Mons. Andrea Ripa
Subsecretário

Rua Dona Inácia Uchoa, 62
04110-020 – São Paulo – SP (Brasil)
Tel.: (11) 2125-3500
http://www.paulinas.com.br – editora@paulinas.com.br
Telemarketing e SAC: 0800-7010081